Helmut Spelsberg

THOMAS MANNS DURCHBRUCH ZUM POLITISCHEN IN SEINEM KLEINEPISCHEN WERK

Untersuchungen zur Entwicklung von Gehalt und Form
in „Glaudius Dei“, „Beim Propheten“, „Mario und der Zauberer“
und „Das Gesetz“.

MARBURGER BEITRÄGE ZUR GERMANISTIK

herausgegeben

zusammen mit

Josef Kunz und Erich Ruprecht

von

Ludwig Erich Schmitt

Band 41

N. G. ELWERT VERLAG MARBURG

1972

Thomas Manns Durchbruch zum Politischen in seinem kleinepischen Werk

Untersuchungen zur Entwicklung von Gehalt und Form in „Gladius Dei", „Beim Propheten", „Mario und der Zauberer" und „Das Gesetz".

von

Helmut Spelsberg

N. G. ELWERT VERLAG MARBURG

1972

printed in Germany
Druck: Buch- und Offsetdruckerei H. Kombächer, Marburg/Lahn
ISBN 3 7708 0474 0

Inhaltsverzeichnis

Vorwort

Bei der vorliegenden Untersuchung handelt es sich um die Buchausgabe meiner im Oktober 1971 von der Philipps-Universität Marburg/L. angenommenen Dissertation. Herr Prof. Johannes Klein hat mir mit seinem Rat bei der Abfassung der Arbeit geholfen. Ihm sei an dieser Stelle auf das herzlichste gedankt.

Herrn Dr. Martin Winckler von der Staatsbibliothek Marburg/L. danke ich für wertvolle Literaturhinweise.

Das Literaturverzeichnis gibt die innerhalb der Arbeit in abgekürzter Form zitierten Titel vollständig wieder. Reine Seitenangaben innerhalb der Arbeit beziehen sich auf die Ausgabe:

Thomas Mann: Die Erzählungen. Fiorenza. Gesang vom Kindchen. Gedichte.
Frankfurt/M. 1966.
(Stockholmer Gesamtausgabe der Werke von Thomas Mann.)

Bei Kursivdruck in Zitaten aus Werken von Thomas Mann handelt es sich um Hervorhebungen durch den Verfasser der Arbeit.

Helmut Spelsberg

Einleitung

In der vorliegenden Arbeit werden Thematik und Form der Thomas Mann'schen Erzählungen [1] „Gladius Dei", „Beim Propheten", „Mario und der Zauberer" und „Das Gesetz" untersucht.

Von der Forschung ist bisher noch kein Augenmerk darauf gerichtet worden, daß, wie der erste Teil der Arbeit erweisen wird, die vier Werke in einem engen thematischen Zusammenhang stehen, obwohl sie sich über Thomas Manns gesamte Schaffenszeit verteilen. Ihre Entstehung fällt in den Anfang (1901 und 1904) [2], die Mitte (1929) [3] und die Spätzeit (1943) [4] seines literarischen Schaffens. Diese Tatsache mag für die — im ersten Teil der Arbeit zur Rede stehende — verschiedene gehaltliche Füllung jener Thematik und die — im zweiten Teil der Arbeit behandelte — verschiedene formale Gestaltung des gleichen Themas verantwortlich sein. Diese Unterschiede auf dem Hintergrund der thematischen Übereinstimmung sind deutlicher Ausdruck des sich allmählich moralisch schärfenden Verhältnisses Thomas Manns zum Zeitgeschehen und seiner wachsenden politischen Sensibilisierung. Die vier Werke werfen ein bezeichnendes Licht auf die Entwicklung seiner politischen Haltung. Das wesentliche Anliegen der Dissertation ist es, diesen Sachverhalt zu erhellen.

---

1) Der Terminus „Erzählung" ist hier wie auch bei späteren ähnlichen Gelegenheiten als Oberbegriff für alle kleineren epischen Gattungen und nicht als Gattungsbegriff im engeren Sinn genommen; vgl. Gero von Wilpert, Sachwörterbuch, Stichwort „Erzählung".

2) Für „Gladius Dei" vgl. Hans von Gumppenberg, Münchner Neueste Nachrichten, 20. 11. 1901; für „Beim Propheten" vgl. S. 19 u.

3) Hans Bürgin und Hans Otto Mayer, S. 85.

4) Thomas Mann, Entstehung des Doktor Faustus, S. 154 f.

Erster Teil: Zum Gehalt

1. Kapitel: „Gladius Dei", „Beim Propheten", „Mario und der Zauberer" und „Das Gesetz" als thematisch verbundene Erzählungsgruppe.

Das Thema der Erzählungen Thomas Manns, die „Gladius Dei" vorangehen, ist der Einzelne und seine Einsamkeit: sein Suchen nach persönlicher Lebenserfüllung — sein Erfolg („Der Wille zum Glück" (1896)) und sein Scheitern („Gefallen (1894), „Der kleine Herr Friedemann" (1897), „Der Bajazzo" (1898)) — seine Todeserfahrung („Der Tod" (1897), „Der Kleiderschrank" (1899)) und sein Los als, von außen gesehen, kauziger Außenseiter der Gesellschaft („Tobias Mindernickel" (1898), „Luischen" (1900), „Der Weg zum Friedhof" (1900)).[1]

Die Helden dieser Novellen versuchen oder beabsichtigen nicht, auf die Gesellschaft, an der und durch die sie leiden, in einem politischen oder moralischen Sinn einzuwirken. Ihr Außenseitertum ist ein passives, sieht man von Mindernickel und Piepsam ab. Indessen, Tobias Mindernickel rächt sich für seine Demütigung durch die „Straße" (das „Leben") an einem wehrlosen Tier und nicht an der Gesellschaft, und der hilflos aggressive Piepsam hofft, die ihn umringenden Leute (das „Leben") möchten von des „Menschen Sohn (...) in die äußerste Finsternis" geworfen werden (S. 195. „Der Weg zum Friedhof").

Piepsams Hinwendung zu religiösen Mächten hat nur mit einer privat verstandenen Benachteiligung zu tun und ist nicht, wie bei Hieronymus, dem Helden von „Gladius Dei", die Konsequenz eines gescheiterten allgemeinen Vorhabens. In dieser Novelle gehört zum Bild des Außenseiters erstmals der Wille zur Formung der Gesellschaft. Das Neue ist, daß ein Einzelner, Hieronymus, geschildert wird, der ein überpersönliches Anliegen hat und einen religiös-sozialen Auftrag ausführen zu müssen glaubt. Diesen sieht er in der Befreiung der Menge von ihrem „Götzendienst der gleißenden Oberfläche" (S. 211). Mit anderen Worten: er will die Herrschaft der Schönheit, der Form, der Sinne und der Sinnlichkeit brechen, wie sie sich vor allem in den zahlreich ausgestellten und gern gekauften Schöpfungen der Kunst und Arbeiten des Kunstgewerbes äußert. Die Kunst ist gänzlich aus dem Blickwinkel ihrer Bedeutung für Öffentlichkeit

---

1) Vgl. u. a. Arnold Zweig, S. 281; Arthur Burkhard, S. 562 ff.; Hans Eichner, S. 15 ff.

und Gesellschaft gesehen.[2] Das Motiv der „Straße" („Tobias Mindernickel", „Der Weg zum Friedhof") erscheint mit dem Motiv der Kunst, zumal der Bildenden Kunst („Der Wille zum Glück"), verknüpft.
Überblickt man Thomas Manns kleinepisches Werk, so ist Hieronymus in seinem Willen zur Einwirkung auf die Massen nur mit Daniel („Beim Propheten"), Cipolla („Mario und der Zauberer") und Moses („Das Gesetz") zu vergleichen. Hieronymus träumt davon, die Menge zu führen; Daniel, der bereits Jünger hat und ein Publikum findet, will als „Christus Imperator Maximus" mit Hilfe todbereiter Truppen den Erdball unterwerfen; Cipolla, der Typ des faschistischen Führers, macht sich sein Publikum untertan; Moses schließlich führt das Volk Israel in die Freiheit und sucht ihm das Sittengesetz einzuprägen.
Der Gehalt dieser Thematik soll im folgenden erläutert werden. Dabei wird sich zeigen, wie die sich wandelnde Auffassung von Führer und Geführten den Wandel der Zeit und des moralpolitischen Standpunktes Thomas Manns widerspiegelt.

2. Kapitel: „Gladius Dei"

> „ „München leuchtete", beginnt die 1902 von Thomas vollendete Novelle, die „Gladius Dei" heißt und mit der Vision eines göttlichen Feuerschwertes über der lebenstrunkenen Stadt endet. Und München leuchtete wirklich in dieser Silvesternacht der Jahrhundertwende. Es strahlte über jubelnden zehnjährigen Buben, von denen schon aus dem ersten Krieg nur jeder zweite oder dritte heimkehren würde. Über satten Rentnern, denen die Armut, und über Arbeitern, denen die Verkrüppelung drohte. Eine festliche Nacht spannte sich über frohen Eltern und glücklichen jungen Frauen, auf die bitterstes Leid wartete, und über soliden Kaufleuten, die Bankrotteure oder Wucherer und Schieber werden sollten. In den Wiegen schliefen künftige Verlorene der Todeslager und Gauleiter, Opfer und Henker. Ein gutes, fleißiges und gesundes Volk feierte den Anbruch einer Zeit der Kriege, des Bösen, der wilden und blutigen Verzweiflung und des Unterganges. Und über den Palästen, Kirchen, Kunsttempeln und festlichen Wohnungen der liebenswerten Stadt stand — noch unsichtbar hinter dem Freudengeleucht — das Schwert, das niederfahren und feurig vernichten sollte „cito et velociter." Aber niemand wußte und keiner sah. Das Land und die Stadt (. . .) begrüßten als glückhafte Morgenröte des neuen Jahrhunderts, was nur ein letztes langes Leuchten des alten war, bevor die Nacht kam — und der Wahnsinn und der Tod."
> (Viktor Mann, Wir waren fünf, S. 163 f.)

Thomas Mann schildert in „Gladius Dei" das Auftreten eines jungen Mannes namens Hieronymus in einem „Schönheitsgeschäft" des Münchens der Jahrhundertwende. Er zeigt ihn, wie er sich bemüht, die Ent-

2) Nach Klaus Bock, S. 15.

fernung eines Madonnenbildnisses zu veranlassen, das ihm anstößig erscheint. Aber Hieronymus, der sich von Gott berufen (S. 204 f.) und seinem Gewissen geführt glaubt (S. 208), hat keinen Erfolg. Die Menschen lassen sich in ihren goldenen Spielen mit Kunst, Schönheit und Sinnlichkeit nicht unterbrechen.

Der Gescheiterte träumt davon, erfolgreicher Führer der Massen zu sein. Er will sie als Redner knechten, sozusagen „umpolen". „Unter dem Jubelschrei des durch seine furchtbaren Worte geknechteten Volkes" (S. 214) gehen die „Eitelkeiten der Welt" (S. 214) in Flammen auf: ein Wunschtraum von Macht.

Das Verhältnis von Führer und Geführten ist somit nur in der Wunschvorstellung des Hieronymus vorhanden. In ihr taucht das Bild eines künftigen demagogischen Führers auf. Die Praktiken verbaler Massenmanipulation, wie sie später Adolf Hitler mit Erfolg anwenden sollte[3], zeigen sich in ihr an: der Gesinnungs- und Willensumschwung einer Menge wird nicht durch rationales Argumentieren und liebevolles Ins-Gewissen-Reden, sondern durch eine Art von Massenpsychose herbeigeführt.

Der Umstand, daß Hieronymus ein Verhältnis Führer und Geführte nur im Wunschtraum realisieren kann[4], sagt etwas über die Struktur des Kaiserreichs aus. 1901, zum Entstehungszeitpunkt der Novelle, sind die Lebensbedingungen für die wirtschaftlich herrschenden und gesellschaftlich tonangebenden Schichten zufriedenstellend. In „Meine Zeit" (1950) spricht Thomas Mann vom „Deutschen Reich" als von einem „florierenden Geschäftsunternehmen". Es habe in bürgerlicher Sicherheit geruht, wie die Epoche selbst.[5] „Safety! Es war das englische Kennwort der Zeit. Die bürgerliche Sicherheit und ihr Liberalismus waren englisch. Im Schatten und Schutz des Britischen Empire ruhte der Kontinent."[6]

Diese „englische" Stimmung der Sicherheit sucht Hieronymus in dem Kunstgeschäft vergeblich zu erschüttern: Bezeichnenderweise wird er zunächst von dem geschäftstüchtigen Herrn Blüthenzweig wegen eines „kalten", „durabel gekleideten" Engländers „unbestimmten Alters" übergangen, der dabei ist, hundertfünfzig Mark (Goldmark!) anzulegen (vgl. S. 206 f.).

Der Bußprediger scheitert, weil kein vorbereiteter Boden für seinen Führungsanspruch vorhanden ist. Die Menge verlangt nicht nach einem „Retter", einer „starken Hand", einem „Führer", da sie nicht durch irgendwelche ihr Sicherheitsgefühl erschütternden Ereignisse, wie etwa Sturz der Monarchie oder eine Wirtschaftskrise, mobilisiert ist. Die Situation, wie Thomas Mann sie darstellt, ist die eines Einklangs zwischen Adel, Bürgern, Künstlern und Studenten. Freilich schreibt Mann als Dichter, als „Seismograph" der allgemeinen Zeitstimmung — nicht als Historiker

---

3) Vgl. Werner Maser, S. 159 ff.

4) Vgl. Harry Pross, in: Die Zerstörung der deutschen Politik, S. 149: „Die Herrschaftsstruktur von 1900 war durch Unlustreaktionen nicht zu erschüttern gewesen."

5) Thomas Mann, Reden und Aufsätze 1, S. 573 f.

6) A.a.O., S. 575.

oder Soziologe. Er läßt, wie Herbert Lehnert betont, die sozialen Spannungen der modernen Industriestadt München unberücksichtigt.[7]
Das wesentliche Indiz dafür, daß Thomas Mann nicht glaubt, die Wirklichkeit entspräche restlos dem Anschein allgemeiner lebenslustiger Zufriedenheit, ist die Gestalt des Hieronymus. Der Dichter sieht die psychischen Voraussetzungen, die einen Menschen bestimmen können, mit einem Führungs-Anspruch aufzutreten. Bei allen grundsätzlichen Unterschieden zwischen dem einsamen, auf sein Gewissen eingeschworenen Sittenprediger und Hitler wird das Motiv ihrer Unterdrückungswünsche von Thomas Mann doch ähnlich gesehen: es handelt sich um Rachebedürfnis. Der erniedrigte Hieronymus knechtet die Menge im Wunschtraum. Hitler, der „Untaugliche, Unmögliche, zehnfach Gescheiterte (...)", der „ganz und gar Schlechtweggekommene" [8] hingegen kann sein Rachebedürfnis praktisch befriedigen: „(...) jeder, der sich früher einmal an dem Geringen, Unscheinbaren, dem Unerkannten versündigt, (ist) ein Kind des Todes (...)." Er scheint im Begriff, „sich Europa, Gott weiß es, vielleicht die Welt zu unterwerfen." [9] Es lebt in ihm „der Drang zur Überwältigung, Unterwerfung, der Traum, eine in Angst, Liebe, Bewunderung, Scham vergehende Welt zu den Füßen des einst Verschmähten zu sehen." [10]
Hieronymus ist kein Prophet, er stellt nur eine — künftige — Zeittendenz dar. Wenn er sich vor Herrn Blüthenzweig und seinem Gehilfen über die Gleichgültigkeit der Welt gegenüber wirklichen Mißständen beklagt und an die Not des Mitmenschen, das „Ächzen der gequälten Erde" (S. 211) mahnt, so warnt er, da er in seiner Gemiedenheit selbst einen Teil dieser einsamen Not ausmacht, überspitzt gesagt vor sich selbst. Anzeichen einer kommenden Kriegskatastrophe, wünscht er blutige Gewalt über die Erde. Damit ist schon angedeutet, daß Hieronymus nicht einseitig negativ, sondern ambivalent gezeichnet ist. So ist sein Begriff von Kunst, wonach diese auf die Erlösung des Menschen bedacht sein solle und nicht auf die Verherrlichung der Schönheit, die Auffassung Manns:

> „Die Kunst ist die heilige Fackel, die barmherzig hineinleuchte in alle fürchterlichen Tiefen, in alle scham- und gramvollen Abgründe des Daseins; die Kunst ist das göttliche Feuer, das an die Welt gelegt werde, damit sie aufflamme und zergehe samt all ihrer Schande und Marter in erlösendem Mitleid!" (S. 212).

In diesen Sätzen schwingt ein feierlicher, unironischer Unterton mit. Ihr bekenntnishafter Ernst erhellt auch daraus, daß sie eins der vielen Selbstzitate im Werk Thomas Manns sind. Sie kehren ähnlich in „Fiorenza" (S. 1060) wieder, wenn Savonarola sagt:

---

7) Herbert Lehnert, Thomas-Mann-Forschung, S. 156; über die Lage der Arbeiter unter Wilhelm II. vgl. Arthur Rosenberg, Entstehung der Weimarer Republik, S. 42 ff.

8) Thomas Mann: „Bruder Hitler" (1938), in: Altes und Neues, S. 623.

9) A.a.O., S. 624.

10) A.a.O., S. 625.

„Ich habe nichts gemein mit Euerer Augen- und Schaukunst, Lorenzo de'Medici. Meine Kunst ist heilig, denn sie ist Erkenntnis und ein flammender Widerspruch. Früh, wenn der Schmerz mich befiel, träumte mir von einer Fackel, die barmherzig hineinleuchte in alle fürchterlichen Tiefen, in alle scham- und gramvollen Abgründe des Daseins, von einem göttlichen Feuer, das an die Welt gelegt werde, damit sie aufflamme und zergehe samt all ihrer Schande und Marter in erlösendem Mitleid. Es war die Kunst, davon mir träumte. . ." [11]

Die sittliche Funktion, die Thomas Mann hier der Kunst zuschreibt, ersetzte ihm bis hin zum Ersten Weltkrieg das sozial-politische Engagement. Dafür sprechen auch folgende Zeilen aus den „Betrachtungen eines Unpolitischen" — hier begegnet übrigens jenes Selbstzitat zum zweitenmal:

„Seid Kritiker des Lebens, trefft und züchtigt es mit dem vernichtenden Wort! Macht aus der Kunst eine Fackel, die barmherzig hineinleuchte in alle fürchterlichen Tiefen, in alle scham- und gramvollen Abgründe des Daseins; macht aus dem Geiste ein Feuer und zündet die Welt damit an allen Ecken an, damit sie aufflamme und zergehe samt all ihrer Schande und Marter in erlösendem Mitleid! Aber gefallt Euch nicht in einem politisch-humanitären Oppositionslamento gegen den Krieg!" [12]

In „Gladius Dei" steht der Einzelne dem Leben nicht als einer sehnsüchtig-ohnmächtig umworbenen und gewissermaßen unveränderlichen Größe gegenüber, wie es sonst häufig im Frühwerk Thomas Manns zu beobachten ist (vgl. z. B. „Tonio Kröger"), sondern er versucht es im religiös-sittlichen Sinn zu führen und das heißt auch: zu verändern, zum Fortschreiten zu bewegen; das Leben erscheint nicht ahistorisch, sondern als Teil des geschichtlichen Kräftespiels gesehen. Nicht erotische Sehnsucht, wie sie das Verhältnis Friedemanns, des Bajazzos, der Baronin Anna („Ein Glück") zum Leben bestimmt, sondern das soziale Gewissen prägt das Verhalten des Hieronymus, dieser ersten Gestalt im Werk Thomas Manns mit historischen Zügen: er ist ja, als — schwächere — „Wiederkehr" Savonarolas, teilweise der Historie entlehnt.

Ungeachtet seiner problematischen und nicht ungefährlichen Art versucht Hieronymus doch zumindest andeutungsweise nach dem Diktat einer höheren Macht, nenne man sie nun das Gute, das Gewissen, das göttliche oder ausgleichende Prinzip, zu handeln. Er ist ein echter Antipode zum Leben und nicht bloß, wie Friedemann oder Tonio Kröger, ein Abtrünniger oder Verbannter. Er äußert sich kritisch über das „Leben und seinen Triumph" (S. 201). Von Krauthuber, der wie eine Parodie auf den in „Gladius Dei" beschriebenen Lebenskult wirkt, vor die Tür gesetzt, fragt er: „ „Was beweist das?" " In der Tat, was beweist das schon? Wurde er damit geistig widerlegt, moralisch überwunden?

„Gladius Dei" gehört ebenso wie „Fiorenza" in eine Schaffensperiode des Dichters, in welcher „das Leben" in seiner Bewertung sinkt.[13] Arnold

11) Über diese Stelle vgl. Hans Armin Peter, S. 16 f., Lilli Venohr, S. 66, Herbert Lehnert: Thomas Mann, Fiktion Mythos, Religion, S. 88.

12) Betrachtungen eines Unpolitischen, S. 468.

13) Hans Armin Peter, S. 4.

Zweig sieht die Bedeutung der Novelle darin, daß der „Ausgestoßene“, den Hieronymus wie andere Gestalten des Mann'schen Werks verkörpere, vor dem Leben diesmal nicht zurückweiche, um „in die warme Nacht des Tristan zu entfliehen“, sondern sich, trotz seiner menschlichen Unzulänglichkeit und physischen Niederlage, als der Höhere, Stärkere und letztlich Unbesiegte erweise.[14]
Wenn Hieronymus am Leben, wie es sich ihm darbietet, das hilfreiche, mitleidige Interesse für die Not des Mitmenschen vermißt, die von Seiten derer, denen es gut geht, nur „übertüncht“ und „übertönt“ werde (vgl. S. 211), so beweist er schon durch diese Ausdrücke, daß ihn das Treiben der Welt nicht nur naiv und unbewußt, sondern auch heuchlerisch und zynisch anmutet.
Ohne des Hieronymus grundsätzliche Verneinung des „Diesseits“, der lebenslustigen Welt zu teilen, wendet sich Thomas Mann mit ihm gegen den üppigen Lebensstil, insofern er auf Kosten und unter Nicht-Achtung anderer praktiziert wird. Im Fall einer solchen Situation aber sind, wie die Novelle lehrt, die Bedingungen für das Erstehen einer negativen Führer-Figur gegeben. In dem abrupten Schlußbild, das mit der ausladenden Einleitung kontrastiert, zeigt der Dichter das sonnige München in seiner äußersten Gegensätzlichkeit zu Hieronymus: Es gleicht einem für den Schnitter reifen Kornfeld und ist vom gedankenlosen Gelächter über den Mann mit dem „versteckten und krampfigen Schütteln seiner hinabhängenden Faust“ (S. 215) erfüllt.
Das ist nun zwar ein ernst und besorgt empfundenes Bild des „Kulturpessimisten“ Thomas Mann[15], aber der Dichter identifiziert sich nicht mit der Vision seines Helden, einem kommenden göttlichen Strafgericht. Denn gemäß der ambivalenten Zeichnung sowohl des Hieronymus als auch des Volkes gibt es die einem gewissenlosen Treiben verfallenen Menschen nicht in einem über jeden Zweifel erhabenen Sinn. Der Konflikt ist nicht moralisch eindeutig bewertet. „Gladius Dei“ bringt den Zusammenstoß zweier Prinzipien, beide werden mit Ironie gesehen, ihre Spannung bleibt ungelöst.[16] Aus der moralisch unklaren Situation ergibt sich die Unaufhebbarkeit des Konflikts.

---

14) Arnold Zweig, S. 294 ff.

15) Über „Kulturpessimismus“ vgl. Harry Pross, in: Zerstörung der deutschen Politik, S. 46 ff. Hier wird auch S. 52 Thomas Mann angeführt, der „damals noch (gemeint: zur Zeit des Ersten Weltkrieges) der Vertreter des apolitischen Kulturpessimismus in seiner nationalistischen Ausprägung“ gewesen sei.

16) Nach Fritz Lockemann, S. 333.

3. Kapitel: „Beim Propheten“

Savonarola, an den Hieronymus so stark erinnert, ist in der Skizze „Beim Propheten“ auf einem der in Daniels Wohnung befindlichen Gemälde zu sehen. Hieronymus und Daniel sind mit Savonarola durch den Willen zur Einwirkung auf die Menge verbunden. Und sie ähneln ihm in ihrem eifernden Zelotentum. Aber während Hieronymus eine vom Autor Thomas Mann gesehene, und zwar ironisch gesehene Wiederkehr Savonarolas darstellt, ist Daniel eine eindeutig realistisch konzipierte Figur mit pathologischen Zügen: Er sieht sich als Nachfolger bedeutender Männer der Geschichte, darunter auch Savonarolas (vgl. S. 366). Im Unterschied zu Hieronymus identifiziert er sich mit einer höheren Gewalt, er fühlt sich nicht als Werkzeug. Er hat, wie Thomas Mann ausdrücklich sagt (S. 368) und indirekt zeigt, Züge von Größenwahnsinn. Er hält sich für „Christus Imperator Maximus“ und „geistlichen Kaiser“, dem die Schuhriemen zu lösen Buddha, Alexander, Napoleon und Jesus nicht wert seien (vgl. S. 368 f.).

Im Gegensatz zu Mindernickel („Tobias Mindernickel“) und Piepsam („Der Weg zum Friedhof“) nehmen Hieronymus und Daniel ihre Einsamkeit weniger als ein persönliches Unglück denn als eine überpersönliche Verpflichtung. Ihr Unterfangen, auf die Welt einzuwirken, mag aber immerhin mit dem Versuch zusammenfallen, der Einsamkeit zu entrinnen. Hieronymus bemüht sich vergebens, für seine Überzeugungen und damit für sich selbst Anhänger zu gewinnen. Daniel dagegen hat Jünger. Der Herrschaftswille des Außenseiters ist bei ihm insofern nicht ohne einen ersten konkreten Erfolg geblieben. Er kommt auch schon politisch in Betracht. Ein Mann, der die Welt mit einem Schwall gräßlicher Worte bedroht, todbereite Truppen zur Unterwerfung des Erdballs anwerben will, unbedingten Gehorsam verlangt und irgendwelchen Soldaten die Welt zur Plünderung zu übergeben gedenkt (S. 368 f.), bedeutet eine politische Gefahr, da er diese Botschaft durch einen seiner Jünger vor einer geladenen Gesellschaft verlesen läßt, die ihm immerhin eine gewisse, wenn auch verständnislose Aufmerksamkeit entgegenbringt.

Weder Zeit noch Ort der Handlung sind in der Skizze angegeben. Aber der Abend bei Daniel ist der Wirklichkeit nachgezeichnet. Aus unmittelbarer Anschauung gestaltet Thomas Mann die schon in „Gladius Dei“ behandelte thematische Grundkonstellation: ein Einzelner tritt mit einem Führungs-Anspruch einer Menge gegenüber. Die Skizze hat dokumentarischen Wert. Thomas Mann schildert im wesentlichen, was er wirklich erlebt hat: In der Karwoche 1904 wurden an drei Abenden Ludwig Derleths „Proklamationen“ aus dem Manuskript in der Münchener Wohnung des Autors dreimal verlesen; die letzte Lesung fand am Gründonnerstag (31. 3.) statt. Am zweiten Abend — in Abwesenheit Derleths las der Germanist Rudolf Blümel — war Thomas Mann unter den Gästen.[17] Seine Skizze „Beim Propheten“ muß ziemlich unmittelbar unter dem Eindruck

17) Vgl. Dominik Jost; Ludwig Derleth, Gestalt und Leistung, S. 52 f.

des „Konvents“ (S. 362) entstanden sein, denn sie erschien bereits Pfingsten 1904, am 22. 5. in der Neuen Freien Presse, Wien.[18]

Thomas Mann ordnet im ersten Abschnitt der Skizze Daniel in einen allgemeinen geistesgeschichtlichen Rahmen ein. Da, wo der Prophet beheimatet ist, wird mit „letzten und wüsten Idealen“ gerungen, herrscht „der Trotz, die äußerste Konsequenz, das verzweifelt thronende Ich, die Freiheit, der Wahnsinn und der Tod“, hier ist „das Ende, das Eis, die Reinheit und das Nichts“, hier „gilt kein Vertrag, kein Zugeständnis, keine Nachsicht, kein Maß und kein Wert“, hier „ist die Luft so dünn und keusch, daß die Miasmen des Lebens nicht mehr gedeihen.“ (S. 362).

Der geistige Standort Daniels, nämlich lebensabgeschnittene Eis-Einsamkeit, läßt auf den Einfluß und das Vorbild Friedrich Nietzsches schließen, der auch auf einem der in Daniels Wohnung befindlichen Gemälde zu sehen ist. Die Metaphern „Eis“ und „Höhe“ (S. 362) für die Atmosphäre, welche „Verbrecher des Traums“ (S. 362) wie Daniel umgibt, wurden von dem einsam gewordenen Nietzsche des öfteren zur Bezeichnung seiner Lebenssituation verwendet, z. B. in dem „Nachgesang“ zu „Jenseits von Gut und Böse“: „Aus hohen Bergen“:

„(. . .)
Wo bleibt ihr, Freunde? Kommt! 's ist Zeit! 's ist Zeit!
(. . .).
Im Höchsten ward für euch mein Tisch gedeckt: —
Wer wohnt den Sternen
So nahe, wer des Abgrunds grausten Fernen?
(. . .)
— Da s e i d ihr, Freunde! — Weh, doch ich bin's nicht,
Zu dem ihr wolltet?
(. . .)
Ich suchte, wo der Wind am schärfsten weht?
Ich lernte wohnen,
Wo niemand wohnt, in öden Eisbär-Zonen,
Verlernte Mensch und Gott, Fluch und Gebet?
Ward zum Gespenst, das über Gletscher geht?

---

18) Aus den Thomas-Mann-Bibliographien von Hans Bürgin: Das Werk Thomas Manns. Eine Bibliographie unter Mitarbeit von Walter A. Reichart und Erich Neumann. Frankfurt/M. 1959 und Erich Neumann: Fortsetzung und Nachtrag zu Hans Bürgins Bibliographie: Das Werk Thomas Manns. In: Betrachtungen und Überblicke. Zum Werk Thomas Manns. Hrsg. von Georg Wenzel. Berlin und Weimar 1966, S. 491—510, der Biographie von Hans Bürgin und Hans-Otto Mayer: Thomas Mann. Eine Chronik seines Lebens. Frankfurt/M. 1965 sowie dem „Bibliographischen Nachweis“ in: Thomas Mann: Die Erzählungen. Gesang vom Kindchen. Fiorenza. Gedichte. Frankfurt/M. 1966 (Stockholmer Gesamtausgabe der Werke von Thomas Mann) und Band acht der „Gesammelten Werke in zwölf Bänden“. Frankfurt/M. 1960 geht nicht hervor, wo Thomas Manns Skizze „Beim Propheten“ zuerst erschienen ist. Aufgrund der Angabe des vermutlichen Erscheinungsjahres (1904) und Erscheinungsortes (vgl. Thomas Manns briefliche Mitteilung an Ernst Bertram vom 21. 2. 1914, in: Thomas Mann an Ernst Bertram. Briefe aus den Jahren 1910—1955. Pfullingen 1960, S. 20) erhielt ich von der Universitätsbibliothek Wien eine Kopie des Erstdrucks. Dieser bisher verschollene Druck steht in Nr. 14275 der Neuen Freien Presse, Wien, Sonntag (Pfingsten), den 22. 5. 1904, S. 40—42. Er ist mit dem Zweitdruck

— Ihr alten Freunde! Seht! Nun blickt ihr bleich,
Voll Lieb'und Grausen!
Nein, geht! Zürnt nicht! Hier — könntet i h r nicht hausen:
Hier zwischen fernstem Eis- und Felsenreich —
Hier muß man Jäger sein und gemsengleich.

(. . .).[19]

Die hochgelegene Wohnung Daniels ist das Symbol für das „Verstiegene", „Steile" seines Wesens. Im „Doktor Faustus" heißt Daniel denn auch: Daniel Zur Höhe — eine Anspielung vielleicht auf eine Stelle aus Derleths „Proklamationen", wo es von den auserlesenen christlichen Streitern, zu denen sich der Autor rechnet, sinngemäß heißt, sie seien „aus der Höhe geboren." [20] Daniel lebt in einem künstlichen Schattenreich wie der Ästhet und Gewaltherrscher Algabal in Georges gleichnamiger Gedichtsammlung:

„Mein garten bedarf nicht luft und nicht wärme
Der garten den ich mir selber erbaut
Und seiner Vögel leblose schwärme
Haben noch nie einen frühling geschaut." [21]

Über den Einfluß Nietzsches auf Derleth schreibt Dominik Jost:

> „Die Terminologie der „Proklamationen" deutet Derleths Geistergespräch in seinen Nachtwachen an: die ununterbrochene Auseinandersetzung mit Friedrich Nietzsche. Derleths Handexemplare einzelner Werke des Philosophen mit dem Hammer, vor allem „Also sprach Zarathustra", „Jenseits von Gut und Böse", „Zur Genealogie der Moral" und „Der Wille zur Macht", wurden (. . .) mit dem Stift in der Hand gelesen und wieder gelesen." [22]

Im Gegensatz zu „Gladius Dei" fehlt der Skizze „Beim Propheten" das Element tätig-dramatischer Auseinandersetzung. Daher fällt die aufmerksame und sorgfältige Schilderung der „erlebten" (vgl. S. 366) Wohnung Daniels umso mehr auf, in der sich Wesen und Bestrebungen ihres Besitzers spiegeln. Ihre Beschreibung präzisiert die geistige Heimat des Propheten über die allgemeine Bestimmung im ersten Absatz hinaus.
Die Wohnung ist mit einer Fülle eigenartiger Requisiten ausstaffiert. Nicht ausdrücklich, sondern durch eine mißtrauisch aufmerksame Schilderung dieser angehäuften äußeren Symbole zeigt Thomas Mann, wie sich in der Person Daniels pseudo-religiöse und imperialistische Tendenzen vereinen. Da gibt es z. B. religiöse Requisiten, wie brennende Kerzen, eine Heiligenfigur, eine Betbank, ein Kruzifix und einen siebenarmigen Leuchter. Diese angedeutete Religiosität zielt auf Selbst-Vergottung, denn der

---

nicht identisch. Die geringfügigen Abweichungen kommen S. 98 f. u. meiner Dissertation zu Sprache. Vgl. auch Anhang.

19) Friedrich Nietzsche, Werke Bd. 2, S. 757 f.

20) Ludwig Derleth, Die Proklamationen, 1904, S. 43; bzw. Ludwig Derleth, Proklamationen, 1919, S. 77.

21) Stefan George, Werke Bd. 1, S. 47.

22) Dominik Jost, a.a.O., S. 50.

Prophet identfiziert sich mit einer Gottfigur, einem „Christus Imperator Maximus". Dieser Name enthält stichwortartig ideologische Elemente des nationalsozialistischen Führerbegriffs: Christus steht für Gott-Ähnlichkeit[23], Imperator für Imperialismus und Maximus für die Forderung unbedingten Gehorsams. Daniel erscheint, wie später Hitler[24], als mit Christus ausgetauscht. Und auf eine Weise, die an den Nationalsozialismus gemahnt, wird dem religiösen Glaubensbedürfnis der Menge Rechnung getragen, um sie für den Führerkult zu gewinnen: Gläubigkeit wird als psychisches Faktum benutzt, als Leerform, die mit neuem Inhalt ausgefüllt werden kann. Mit eben jenen religiösen Requisiten wird an das Glaubensbedürfnis der Zuhörer Daniels appelliert. Freilich wurden solche Symbole vom Nationalsozialismus säkularisiert, an die Stelle des Kreuzes trat das Hakenkreuz, an die Stelle der Kanzel das hakenkreuzgeschmückte Rednerpult.[25] Die religiösen Requisiten in Daniels Wohnung gehören in den Zusammenhang des pseudoreligiösen Rituals, in dessen Schutz Daniel seine „Proklamationen" verlesen läßt. Es drückt sich etwa darin aus, daß Daniel seine Zuhörer ausgerechnet an einem Karfreitag kommen läßt, daß seine Photographie zu Füßen einer Heiligenfigur lehnt und daß seine „Proklamationen" auf einer Altardecke ruhen. Den Novellisten, der entschlossen ist, sich wie in der Kirche zu benehmen, empfängt eine „feierlich schwankende und flimmernde Helligkeit, erzeugt von zwanzig oder fünfundzwanzig brennenden Kerzen" (S. 364). Durch das pseudoreligiöse Arrangement sollen die Gäste offenbar geblendet und in ihrer rationalkritischen und moralischen Widerstandskraft geschwächt werden. Adolf Hitler beschreibt dann später in „Mein Kampf" die Bedeutung der Stimmung in katholischen Kirchen für die Schwächung der Widerstandskraft: diesem „Zwecke dient ja auch der künstlich gemachte und doch geheimnisvolle Dämmerschein katholischer Kirchen, die brennenden Lichter, Weihrauch, Räucherpfannen usw."."[26]

Daniels wahre Absichten drücken sich in bestimmten anderen äußeren Symbolen aus, nämlich einem großen rostigen Schwert an der Wand und Dingen, die auf einen Napoleonkult hindeuten, wie beispielsweise einem Napoleonbildnis, Empirekränzen an der Tapete und einem degentragenden Adler[27], der sich sowohl auf der Einladung zur Verlesung von Daniels „Proklamationen"[28] befindet als auch, von einem Lorbeerkranz umrahmt, auf eine Tischplatte eingebrannt ist. Hinter all diesen Symbolen steht ein imperialistischer Anspruch.

---

23) Vgl. Hans-Jochen Gamm, S. 162; Thomas Mann, Reden und Aufsätze 2, S. 178, 234 („Deutsche Hörer!").

24) Hans-Jochen Gamm, S. 168.

25) Nach Hans-Jochen Gamm, S. 162, 168 f.

26) Zitiert in Werner Maser, S. 160; Hans-Jochen Gamm, S. 159: „Aus der katholischen Kirche zog Adolf Hitler die Anregungen für den eigenen Kult."

27) Er ist im Sinn der Heraldik nicht einzuordnen: vgl. Johannes Enno Korn: Adler und Doppeladler.

28) Die Einladung zur Verlesung von Derleths „Proklamationen" ist abgebildet in Albert Soergel/Kurt Hohoff: Dichtung und Dichter der Zeit, Bd, 1, S. 600.

Thomas Mann stellte Daniel, den Propheten mit dem Napoleon-Komplex, in die Nähe von Verbrechen und Wahnsinn (S. 370). 1938, in dem Aufsatz „Bruder Hitler“, beschrieb er dann die psychische Struktur Hitlers in einer ähnlichen Weise: Er legte Hitlers verbrecherischen Charakter bloß und sagte: „Wenn Verrücktheit zusammen mit Besonnenheit Genie ist (und das ist eine Definition!), so ist der Mann ein Genie.“ [29] Man müsse sich mit dem historischen Lose abfinden, das Genie auf einer niedrigen Stufe seiner Offenbarungsmöglichkeit zu erleben.[30] Es scheint fast so, als hätte Thomas Mann hier seine Deutung Daniels am Schluß der Skizze „Beim Propheten“ nicht ganz unberücksichtigt gelassen:“ (...) was ist das Genie? (...). Bei diesem Daniel sind alle Vorbedingungen vorhanden: (...) sogar die Nähe von Verbrechen und Wahnsinn. Was fehlt? Vielleicht das Menschliche? Ein wenig Gefühl, Sehnsucht, Liebe? (...).“ Und so, wie in der Skizze Daniels verstiegene Fixierung auf Napoleon gezeigt wird, so weist Thomas Mann in dem Aufsatz über Hitler die Vergleichbarkeit des Diktators mit Napoleon, der „Verkörperung der Revolution“, als absurd zurück.[31]

Zu den Figuren der Handlung, die durch die Verlesung der „Proklamationen“ nicht mehr erst für den Propheten und seine Vorstellungen gewonnen zu werden brauchen, gehören der Jünger und die Schwester Daniels sowie der stumme Knabe.

Der Jünger scheint bereits die Forderung unbedingten Gehorsams, die von Daniel wiederholt gestellt wird, zu erfüllen, denn er identifiziert sich mit dem Inhalt der „Proklamationen“ und wirkt so vom Willen des Meisters überwältigt und durchdrungen, daß eine eigene Individualität sich nicht zu erkennen gibt. „Proklamationen“ und Jünger stellen ein „unheimliches Gemisch von Brutalität und Schwäche“ [32] dar (S. 368).

Zu dem Jünger gesellt sich die Schwester Daniels, die ihren Bruder anbetet (S. 364) und von ihm sagt: „Er ist nicht hier (...). Er ist abwesend, ich weiß nicht, wo. Aber im Geiste wird er unter uns sein und die Proklamationen Satz für Satz verfolgen, während sie hier verlesen werden.“ (S. 364). In den Worten der Schwester steckt der Hinweis auf die „Allgegenwart“ des faschistischen Führer-Typs, wie sie unter dem Nationalsozialismus ihren Ausdruck in den an jeder nur irgend passenden Stelle angebrachten Hitlerbildern und Hakenkreuzfahnen sowie der ständigen Propaganda in Zeitung und Rundfunk ihren Ausdruck finden sollte. Maria Josefa, Daniels Schwester, ist ein junges Mädchen mit „weißem Fallkragen und Manschetten über dem schlichten Kleid“. (S. 364). Sie ist „rein und töricht von Angesicht“. (S. 364). Der Novellist hat sie bei einer früheren Begegnung einmal erlebt, wie sie „mit klarer und inniger Stimme“ von

---

29) Thomas Mann, Altes und Neues, S. 628.

30) A.a.O., S. 629.

31) A.a.O., S. 628 f.

32) Vgl. Thomas Mann, Reden und Aufsätze 2, S. 228 („Deutsche Hörer!“): Kennzeichnend für das Nazitum sei von jeher die „Mischung aus Brutalität und kreischender Wehleidigkeit“ gewesen; vgl. auch Georg Lukács, Von Nietzsche zu Hitler, S. 62 f.

ihrem Bruder gesprochen hat. (S. 364). „Still und rein“ verabschiedet sie die Gäste. (S. 370).

Weiß, schlicht, rein, klar, innig, still — was für Attribute! Wäre nicht das Attribut „töricht“ und freilich auch der Gegensatz der blutrünstigen Phantasien des Bruders, so könnte man fast meinen, Thomas Mann sei hier von Ganghofer, Hedwig Courths-Mahler oder Eugenie Marlitt inspiriert gewesen. Der von Thomas Mann realistisch gesehene Mädchen-Typ lebt ja bis auf den heutigen Tag in der Klischee-Vorstellung und der Trivialliteratur fort.[33] Friedrich Wolters pries das Modell zu Maria Josefa, Anna-Maria Derleth, mit folgenden Worten:

> „(. . .) sie die harte Keusche mit der sicheren Überschau über ihr Geschlecht, alles Streben nach Losgebundenheit und Gleichberechtigung verhöhnend aus dem Wissen um das höhere Gesetz der Frau, die nur durch Opfer siegen kann (. . .).“ [34]

In ihrer opferbereiten Ergebenheit für den Bruder läßt Maria Josefa an ein ihrem Führer Adolf Hitler treu ergebenes BDM-Mädchen denken.

Der Dritte, der zum Kreis der eindeutigen Anhänger Daniels zählt, ist ein „breitköpfiger, freundlich blickender Knabe“. (S. 363). Er ist stumm.

Der Jünger, seinem Meister treu ergeben, ist zugleich brutal und schwach, — die Schwester Daniels ist zugleich rein und töricht, — der Knabe ist freundlich und stumm. Jeder ist auf seine Weise ein Werkzeug des Propheten. Ausgemacht Menschen, die im Sinn der Klischee-Vorstellung an Ideal-Bilder der Tugend gemahnen, erscheinen als tatsächlich schon Geführte, als Unterworfene oder Unterwürfige par excellence. Dieser psychologische Umstand, auf den Thomas Mann indirekt durch objektiv-ironische Darstellung hinweist, enthält einen Fingerzeig, weshalb der Nationalsozialismus sosehr auf die Reinhaltung angeblich typisch deutsch-germanischer Eigenschaften wie Gehorsam, Treue, Schlichtheit, Innigkeit, Unverdorbenheit — Unkompliziertheit hielt . . .! Man denke z. B. an die Reden führender Nationalsozialisten an das Volk, die Jugend usw.. So sagte etwa Hermann Göring zu Kindern:

> „Zeigt, daß ihr kerngesunde deutsche Jungen und Mädel seid, die tapfer und froh die Gegenwartsaufgaben anpacken und mit hellen Augen in die Zukunft marschieren!“
>
> „Seid stets so, daß ihr mit offenen und blanken Augen mir ins Gesicht sehen könnt, dann werdet ihr das Richtige getan haben.“
>
> „Welche Pflichten fordert dieser Krieg denn von euch, ihr Jungen und Mädel? Allem anderen voran fordere ich von euch eine echte, wahre nationalsozialistische Haltung. Ihr habt dem Führer in Friedenszeiten Treue und Gehorsam, Kameradschaft und Opferbereitschaft, Anstand und Tapferkeit gelobt. Das sind die Grundeigenschaften des anständigen und tapferen Soldaten.“ [35]

---

33) Beispiele dafür bei Walther Killy, Deutscher Kitsch, S. 36 ff.

34) Friedrich Wolters, George und die Blätter für die Kunst, S. 238.

35) Zitiert bei Hans-Jochen Gamm, S. 120 f.

Zahlreich sind auch die Beispiele aus der nationalsozialistischen Lyrik, wo „reine Jüngerschaft“ gefordert wird, etwa das Gedicht „An den Führer“ von Gerda von Below:

„Du, der uns ward bescheret,
der rings den Teufeln wehret,
der uns das Kreuz beschwöret
uralten Sonnentums, —
du Träger höchster Stunden,
du Mensch, an Gott gebunden,
inbrünstig aufgefunden
schon vor dem Tag des Ruhms, —
Gewaltiger auf Erden,
laß du uns sein und werden,
und stähle die Gebärden
zu reiner Jüngerschaft,
dir untertan und hörig,
in frommer Zucht gelehrig,
gehorsam und willfährig,
Erheber deiner Kraft!“ [36]

Von einer Atmosphäre, die deutlich den Nationalsozialismus, den „braunen Kult“ [37] ankündigt, von einer Stimmung der Scheinreligiosität, der pseudoreligiösen und imperialistischen Symbole und den treu ergebenen Anhängern des Propheten werden nun die Gäste empfangen. Als der Jünger mit der Verlesung der „Proklamationen“ beginnt, sind außer dem Novellisten ein Maler mit seinem Mädchen, ein Lyriker mit seiner Gemahlin, ein Spiritist und Rittmeister außer Dienst, ein Philosoph, ein Zeichner, eine „Erotikerin“, eine Schriftstellerin, ein Musiker und eine unverheiratete junge Mutter anwesend. Diese ist von adliger Herkunft und von ihrer Familie verstoßen. Ohne geistige Ansprüche, hat sie doch, und zwar allein aufgrund ihrer Mutterschaft, in „diesen Kreisen“ (S. 366) Aufnahme gefunden. Der hier angedeutete Kult der Mutterschaft gehört dann später zu den Hauptpunkten der nationalsozialistischen Frauenpolitik [38]: Erinnert sei an die Einrichtung der Verleihung des „Mutterkreuzes“. Aus Thomas Manns Skizze können wir entnehmen, wie sich der Gebär-Kult in Zusammenhang mit anderen ebenfalls auf den Nationalsozialismus weisenden Zügen wie Imperialismus, Pseudo-Religiosität und „reine Jüngerschaft“ (vgl. S. 22 o.) schon zu Beginn des Jahrhunderts andeutet.

Die Gruppe der zuerst Angekommenen ist „still, ohne Verachtung, aber fremd“ (S. 363) an den „Heim- und Sorgenstätten eines Versicherungsbeamten, einer Hebamme, einer Feinwäscherin, eines „Agenten“, eines Leichdornoperateurs“ (S. 363) vorübergestiegen. Damit wird auf ihre Gleichgültigkeit gegenüber Vertretern der arbeitenden Zivilisation hingewiesen.

---

36) Zitiert bei Joseph Wulf, S. 409.

37) Titel des Buches von Hans-Jochen Gamm über „Das Dritte Reich und seine Ersatzreligion.“

38) Vgl. Hans-Jochen Gamm, S. 144 ff.; Erik H. Erikson, S. 323.

Abgesehen von dem Novellisten, einem Selbst-Porträt Thomas Manns, machen die Zuhörer einen etwas ahnungslosen Eindruck. Die Bereitschaft, sich führen zu lassen, ist zumindest latent bei ihnen vorhanden. In der Verkündung und Androhung irrationalen, weltweit-mörderischen Handelns von Seiten eines Mannes, der auf einem Photo einen Eindruck von „konzentrierter Geistigkeit" macht (S. 365), und der Bereitschaft der zumeist intellektuellen Zuhörer, sich diese verbalen Exzesse anzuhören, ja man darf sagen, nicht ungern gefallen zu lassen (vgl. S. 369), kristallisiert sich ein Zeichen der Zeit, nämlich die Bereitschaft geistig interessierter Menschen, den Geist an die Gewalt und die Unvernunft zu verraten. Über die Reaktion der Zuhörer auf die Verlesung von Derleths Proklamationen schreibt Viktor Mann:

> „Während seiner Zeit im „Schwabinger Ursumpf" verkündete er (gemeint: Ludwig Derleth) den kommenden Christus-Napoleon, der Kreuz und Schwert im Banner tragen werde. „Hier steht der äußerste Wahnsinn", rief er seiner Mansardengemeinde zu. Und: „Ich überantworte Euch die Welt zur Plünderung." Die Gläubigen fielen in Verzückung." [39]

Die gleiche Mischung aus Pseudoreligiosität und Imperialismus, welche die Requisiten der Wohnung Daniels kennzeichnet, kehrt in den „Proklamationen" wieder. Das Publikum soll eingeschüchtert, überwältigt — „bekehrt" werden: mit gräßlichen Visionen, „irren Bildern", einem „Wirbel von Unlogik" (S. 369). Schreiton und drohende Blicke dienen zur Unterstützung dieser Absicht. (S. 368 ff.).

Derleths „Proklamationen" erschienen zuerst im Dezember 1904 [40] und zum zweitenmal, in etwas erweiterter, unwesentlich veränderter Form, 1919. Der Gedanke an die Toten, Verstümmelten und Hinterbliebenen des Ersten Weltkriegs konnte ihn offenbar nicht davon abhalten, seine Visionen einer „christlichen" Eroberung und Plünderung der Welt der Öffentlichkeit erneut anzubieten. Er erweist sich in den „Proklamationen" als ein brutaler Irrationalist, als Feind der Wissenschaft [41], der Demokratie und der „großen Massen" [42], die er unter anderem auch noch mit „Herde" [43], „freches, unheiliges Volk" [44], „freche, unfruchtbare Menschentonerde" [45] und „Gewalthaber der großen Zahl" [46] tituliert. Die Erde, da in Abfall von Jesus begriffen, müsse als in Rebellion behandelt und unter das christliche Kriegsgesetz gestellt werden.[47] An die Stelle der Worte müßten die „blut-

---

39) Viktor Mann, S. 98.

40) Ludwig-Derleth-Gedenkbuch, Amsterdam 1958, S. 221.

41) Ludwig Derleth, Die Proklamationen, Leipzig 1904, S. 57; bzw. Ausgabe München 1919 („Proklamationen"), S. 100.

42) A.a.O., S. 10 bzw. S. 19.

43) A.a.O., S. 53 bzw. S. 92.

44) A.a.O., S. 8 bzw. S. 15.

45) A.a.O., S. 36 bzw. S. 66.

46) A.a.O., S. 9 bzw. S. 15.

47) A.a.O., S. 19 f. bzw. S. 35.

getränkten Zeichen der Aktionen (treten)." [48] „Gegen die demokratische Ordnung der modernen Welt stellen wir das gefürchtete Vorbild des Gehorsams auf. Wollt ihr Beispiele? Die römische Infanterie, das Corps der Assassinen, die Compagnie Jesu." [49] Die Idee des unbedingten Gehorsams hat Derleth übrigens nicht nur zur Zeit der „Proklamationen" beschäftigt. Überliefert ist beispielsweise folgender Ausspruch von ihm: „Die Jesuiten wissen das Menschliche zu krümmen. Die Menschen in den Zustand von Instrumenten zurückzuführen, das ist hervorragend." [50]

Die deutende Beschreibung, die Thomas Mann von Derleths „Proklamationen" in der Skizze „Beim Propheten" gibt, zeugt von einer bestürzten Genauigkeit des Zuhörens und dem Wunsch, seine Eindrücke möglichst kongenial wiederzugeben. Er hielt sich weder die Ohren zu, noch fiel er in Verzückung vor den herausgebrüllten Botschaften des präfaschistischen Führer-Typs, sondern er hielt dem unlogischen Wortwirbel stand und sah hinter ihm den Mann, der die Welt bedrohte. Liest man die Derleth'schen „Proklamationen", so erkennt man die Gültigkeit der Thomas Mann'schen Interpretation, die für den heutigen Leser, der sie gegen den Hintergrund der beiden Weltkriege hält, noch an Bedeutung und Gewichtigkeit gewinnt. Es gibt in ihr beinah wörtliche und sinngemäße Entsprechungen in den beiden Fassungen der „Proklamationen": Eine Konfrontation in einigen wesentlichen Punkten soll dies deutlich machen:

> „Es waren Predigten, Gleichnisse, Thesen, Gesetze, Visionen, Prophezeiungen und tagesbefehlartige Aufrufe, die in einem Stilgemisch aus Psalter- und Offenbarungston mit militärisch-strategischen sowie philosophisch-kritischen Fachausdrücken in bunter und unabsehbarer Reihe einander folgten." („Beim Propheten". S. 368)
>
> Beispiele für Prophezeiungen: „Die Seherin, welche mit schäumendem Munde Unverlachtes und Unleugbares durch die Jahrtausende rast, spricht also: Eine Löwin wird trächtig und trägt ihre Brut auf nackten Fels und ihre Jungen werden ein jagender Schrecken unter den späten Geschlechtern der Erde sein. Und es knacken die Knochen der Menschenbeute in den zermalmenden Kiefern der Schlingenden." (Proklamationen, S. 59, bzw. (gemeint: 2. Fassung) S. 102.).
>
> „Morgen tobt der Tumult auf allen Straßen und in den Herzen der aus dem Frieden Gescheuchten wütet der Krieg." (Prokl., S. 63 bzw. S. 108: „Was will der Eine gegen so viele Gewaffnete? In den Herzen der aus dem Frieden Gescheuchten wütet der Krieg.").
>
> Beispiel für tagesbefehlsartige Aufrufe: „An alle Regimenter, Magazine und Werkstätten der Welt. (...)." (Prokl. S. 2 bzw. S. 6).
>
> Beispiel für militärisch-strategische Fachausdrücke: „Was ist in A? Krieg und Kreuz.
> Das leidlose B.
> C.
> Das Himmelreich ist keine eitle Seligkeit, sondern der Neubeginn geschichtlicher Aufgaben.

48) A.a.O., S. 18 bzw. S. 34.

49) A.a.O., S. 19 bzw. S. 34.

50) Dominik Jost, a.a.O., S. 110.

Das Himmelreich ist wie ein Feldherr, der neue Heere aushebt.“ (Prokl. S. 37, bzw. S. 68.).

„Ein fieberhaftes und furchtbar gereiztes Ich reckte sich im einsamen Größenwahn empor (. . .).“ (Beim Propheten, S. 368).

„Ich, Ludwig Derleth, bin allein und habe alle verbündet gegen mich und erkläre im Namen Jesus von Nazareth den Krieg.“ (Prokl., S. 1, bzw. S. 5: „Wir haben alle verbündet gegen uns und verkünden im Namen Jesus von Nazareth den Krieg.“).

„(. . .) und bedrohte die Welt mit einem Schwall von gewaltsamen Worten.“ („Beim Propheten“, S. 368).

Beispiel: „Die Zeiten der Auslegung sind vorüber. Wer heute noch das Kommando erklären will und nicht selbst handelt, verfällt dem Kriegsgericht. Von allen Kanzeln flattern die blutroten Standarten der Divisionen. Die christliche Strategie ist gegeben. Von nun an wird der Krieg in Permanenz erklärt. Die Kirchen werden geschlossen. Man schieße die ökumenische Synagoge in Brand. Alle christlichen Glocken in Kanonenmetall umgegossen. Sie grüßen die triumphierende Wiederkehr unseres Herrn. Das Kommando ist hart aristokratisch rücksichtslos. Wer heutzutage den Weg der Umkehr nach Rom predigt, denkt als katholischer Catilina an die Imperialstadt der Welt.“ (Prokl. S. 64, bzw. S. 108 f.).

„Christus Imperator Maximus war sein Name (. . .).“ („Beim Propheten.“ S. 368).

„Christus Imperator Maximus.
(. . .).
Ich bin kein Kriegsgott, sondern der Krieg.“ (Prokl. S. 33 bzw. S. 59).

„(. . .) und er warb todbereite Truppen zur Unterwerfung des Erdballs.“ („Beim Propheten“. S. 368).

„Meine Trompeter schmettern auf allen Märkten der Welt und ich werbe neue Truppen vom Morgen bis in die Nacht. Ich schule Euch im Gehorsam und schaffe eine gute Taktik. Und es wird ein großer Aufstand des Blutes und eine Zerstörung der alten Ordnung sein. Meint ihr, ich schicke Euch dem Wohlleben den Weibern und den lieben alten Geschäften zurück? Ihr marschiert ins Feuer. Soldaten, ich brauche Euer Leben bis auf den letzten Mann.“ (Prokl. S. 20, bzw. S. 36: hier zwischen Satz 3 und 4 der Satz: „Die heilige Zwietracht ist mit eurem Fleische eins geworden.“).

„(. . .), Armut und Keuschheit verlangte er und wiederholte in grenzenlosem Aufruhr mit einer Art widernatürlicher Wollust immer wieder das Gebot unbedingten Gehorsams.“ („Beim Propheten.“ S. 368 f.)

Beispiel:
„Wir setzen im voraus fest:
1. Arm, keusch und gehorsam zu sein.
(. . .).“ (Prokl., S. 19, bzw. S. 34).

„(Das einsame Ich) verlor sich in irre Bilder (. . .).“

Beispiel: „Es ist aber gerissen eine geründete Gähnung zwischen uns und euch.
Es gibt eine große Welt innerer Geschehnisse im Aufbau, von welcher die Menschenmeinung kein Wissen besitzen kann. Warum? Wegen des Abgrunds.

Das Aufwerfen kosmischer Dämme gegen den Wahnsinn der Vernunft ist kein Werk logischer Tätigkeit. (...).“ (Prokl., S. 6, bzw. S. 11).

„(...) ging in einem Wirbel von Unlogik unter und tauchte plötzlich an gänzlich unerwarteter Stelle gräßlich wieder empor.“ („Beim Propheten.“ S. 369).
Beispiele: „Ihr seid das Salz im Mischkrug der Welt. In Euch ist alles möglich. Habt Kraft in Euch und seid stark.

Unser Witz hat Krallen zum Begreifen. Wir sind furchtlos und gefürchtet, von Herzen großmütig und fromm. Wir drohen nie, sondern töten. Wir sind die Jäger, Ihr seid das Wild. Die Jünger Jesu heben die Welt aus wie ein Adlernest und wo das Aas ist freuen sich die jungen Adler.“ (Prokl., S. 58 f., bzw. S. 101).

„Marschiert ins Feuer.
Fürchtet Euch nicht: Ich habe überwunden die Welt.
Es ist eine Lust zu leben, Brüder.
Wohlauf, Kinder des Vaterlands, mit roten wehenden Fahnen vorwärts in den Krieg.
Wo wir erscheinen, erschüttern wir im Aufstand die Welt und auf allen Wegen stürmen die himmlischen Legionen meines Vaters das Reich.
Der Leichnam Rom lockt die jungen Adler.
Der Vatikan in eine Reiterkaserne der Asiaten verwandelt.
Schon ist die Axt an die Wurzeln der Bäume gelegt und die Blutscheine der katholischen Ächtungen werden beim Symposion unterzeichnet.
Helle Krystallmusik siegend durch den Donner der Geschütze.
Eingeleitung des Palladiums auf den Palatin.
Der Sohn des Königs hält Hochzeit mit der Tochter der Reichbekränzten Pracht.
Letzter Tagesbefehl.
Abbruch der Zeit.
Jungfräuliches Bacchanal.“
(Prokl. S. 81 f., bzw. S. 130. 132: „Fürchtet Euch nicht. Marschiert ins Feuer. (...).“ Außer dieser Umstellung heißt es nach Satz 7: „Der Krieg ist geendet und uralter Blutschuld wuchernder Samen ausgetilgt.“ und nach Satz 13 dem vorletzten Satz: „Es lichtet rötlich.“).

„Lästerungen (...)“ („Beim Propheten“ ...).

Beispiel: „Kommet alle zu mir, die ihr mühselig und beladen seid. Ich erhebe Euer Herz durch das blutige Winzerfest.“ (Prokl., S. 68, bzw. S. 114.).

„(...)-Weihrauch und Qualm von Blut vermischten sich.“ („Beim Propheten“, S. 369).

Beispiel: „Soldaten, es gewittert hoch in den Lüften. Ich höre Kanonendonner und Kirchenmusik.“ (Prokl., S. 60, bzw. S. 104: Hier folgt noch der Satz: „Die zaubervollen Klänge der Marseillaise vermischen sich in das Te Deum laudamus.“).

„In donnernden Schlachten ward die Welt erobert und erlöst.“ („Beim Propheten“, S. 369).

Beispiel: „Und es stand viel Volkes auf dem Berge und staute sich das Gewölke bis in weiter Ferne.
Und der Herr rief: Seht!
Da wandten sich die Gesichter der im Lichte Erblindeten gegen die Leere.
Und der Herr rief: Hört!

Da dröhnten die Pauken und wirbelten die Trommeln und gellten die Posaunen.
Und der Herr rief: Massakriert!
Da erstarkte das Herz den Unsterblichen und stieg die Sonne aus dem roten Nebel.
Schlacht am Berge Tabor.
Lucidum sicut fulgur."
(Prokl., S. 14, bzw. S. 25.).

„(Der Jünger) war zu Ende. „Soldaten!" schloß er, am äußersten Rande seiner Kraft, mit versagender Donnerstimme, „ich überliefere euch zur Plünderung — die Welt!"" („Beim Propheten", S. 369.).

Der Schlußsatz der ersten Fassung der Proklamationen lautet: „Soldaten, ich gebe Euch zur Plünderung die Welt." (S. 83). In der zweiten Fassung steht dieser Satz auf Seite 130 des 132 Seiten starken Bandes.

Wenn Kurt Löwenstein in Hinsicht auf jene indirekte Aufforderung Daniels an irgendwelche imaginären Geführten („Soldaten") die Parallele zu Hitler zieht[51], so ist Daniel auch hier, wie die obige Gegenüberstellung zeigt, mit Derleth identisch. Der Führerkult, der sich um Daniel zu regen beginnt, ohne daß dieser die Erwartungen, was seine Gäste betrifft, ganz erfüllen kann, denn diese sind zwar beeindruckt, aber nicht mobilisiert, verweist auf die Autoritäts-Gläubigkeit und -Bedürftigkeit schon in der präfaschistischen Zeit. Ansätze zum Führerkult, wie sie in der Skizze beschrieben werden, wurden dann von Adolf Hitler ausgenutzt. Er konnte sich auf das Bedürfnis, an einen „erlösenden" Führer zu glauben, wie auf eine vorbereitete Form stützen und unter nationalistischen und rassistischen Vorzeichen „Daniels" blutrünstige Phantasien bis zu einem gewissen Grade in die Tat umsetzen.[52]
Derleth meinte seine Weltunterwerfungspläne ernst.[53] Er war ein — verhinderter — Täter. Wenn einer seiner Anhänger, von denen er nicht wenige besessen hat[54], im Namen des „Christus Imperator Maximus" den ersten Mord begangen hätte, hätte er sich auf Derleth als auf den Anstifter berufen können.
Derleth war nicht der Prophet, als den er sich ansah.[55] Er ist auch nicht der entsetzte Prophet kommender Katastrophen gewesen, als der er ver-

---

51) Kurt Löwenstein, S. 41.

52) Vgl. Hans-Jochen Gamm, S. 24 f.

53) Vgl. u. a. Kurt Hildebrandt, S. 213; Lothar Helbing, S. 14.

54) Vgl. u. a. Pieter van der Meer de Walcheren („Heimweh nach Gott", 1937), zit. bei Friedrich von Dauber, S. 15 f.: „Er (gemeint: Derleth) beauftragte uns, unter unseren Freunden und Bekannten Persönlichkeiten zu suchen, die imstande wären, an der Verwirklichung seiner Idee mitzuhelfen. Wir bildeten den Kern eines Heeres, dessen Führer er war. (Sic!). Er befahl, wir gehorchten. (. . .). Mit Begeisterung vollbrachte ich seinen Willen. In vielen Großstädten Europas hatten sich bereits Gruppen gebildet, deren Führer er war."

55) Vgl. Dominik Jost: Ludwig Derleth, Gestalt und Leistung, S. 110; Hugo von Hofmannsthal sah in Derleth einen der „1001 falschen Propheten, die doch ein Körnchen von ewiger Wahrheit in sich tragen." (Hugo von Hofmannsthal-Carl Jakob Burckhardt. Briefwechsel, S. 273, Brief vom 21. 1. 1928).

harmlost worden ist.[56] Er warnte ja nicht vor weltweitem Krieg, sondern er wollte ihn, er war sozusagen vom gleichen Stoff. Wenn daher Lothar Helbing meint, Derleth habe (zur Zeit der „Proklamationen") mit seinen „Schreckvisionen" „ein wahrhaft seismographisches Gefühl für eine Zukunft bewiesen, deren Herannahen der Witterung des gefeierten Autors (gemeint: Thomas Mann) (entgangen sei)" [57], so scheint doch wohl umgekehrt Thomas Mann derjenige gewesen zu sein, der etwas von den Zeichen der Zeit verstanden hat, denn seine Skizze bedeutet eine bestürzte Abwehrreaktion auf das Warnzeichen Derleth, auf das erste öffentliche Auftreten dieses Mannes. Es ist Ironie, wenn der Prophet der Skizze Daniel genannt wird, denn mit dem Traumdeuter des Alten Testaments ist er nicht zu vergleichen. In seiner potentiellen Gewalttätigkeit und Hybris gemahnt er mehr an Belsazar, der, roten Wein trinkend, Gott lästert. Der Jünger in Manns Skizze aber trinkt aus einem Becher mit rotem Wein, während er die Proklamationen Daniels, des „Christus Imperator Maximus", mit all ihren Lästerungen und irren Bildern unkritisch und begeistert vorliest. Und so, wie in der Bibel die Flammenschrift erscheint, so schreibt in unserer Skizze, wie Thomas Mann in paralleler, wenn auch parodistischer gehaltlicher Füllung zeigt, der „Philosoph mit dem Äußeren eines Kängeruhs (...) dann und wann etwas Ungewisses mit seinem langen und krummen Zeigefinger in die Luft". (Vgl. S. 368 f.).

Es ist erstaunlich, daß Thomas Mann schon 1904 eine präfaschistische Führer-Gestalt wie Derleth mit einer solch genauen Abneigung darstellen konnte, auch wenn es ihm verständlicherweise nicht möglich war, den Grundtyp, auf den jener zurückgeführt werden kann, in vollem Ausmaß moralisch und politisch zu beurteilen. Die — indirekte — Zeichnung des „Propheten" gehört in die Reihe bedeutender Darstellungen des faschistischen Führer-Typs: Erinnert sei an Hermann Brochs Gestalt des Marius in seinem Roman „Der Versucher".

Die geistige Affinität zwischen Ludwig Derleth und dem Nationalsozialismus ist zumindest von einem Vertreter des Nationalsozialismus erkannt worden. 1943 stellte sich Friedrich von Dauber in seiner Dissertation [58] die Frage, ob „die Dichtung Derleths dem erfüllten Deutschtum unserer Tage noch einen Sinn abzugeben (vermöge) und ob sich aus der Weltbetrachtung Derleths ein wenn auch nur schmaler Weg in das wiedererstandene Vaterland der Deutschen (finde)", und beantwortete sie „guten Gewissens" mit „ja".[59] Er nennt die wichtigsten Anhaltspunkte:

> „1. Derleth ist einer jener Männer, die das uns vorausgegangene Zeitalter des Verfalles als solches erkannten, diesem Zeitalter einen gutzeigenden Spiegel vorhielten und es zur rettenden Umkehr aufriefen. Alle diese hellsichtigen und mutigen Männer — Derleth nicht als letzter — waren Brückenbauer zu einem neuen Deutschland, auch wenn die meisten unter

---

56) So von Lothar Helbing, S. 22, Anton Groos, S. 540, u. a.

57) Lothar Helbing, S. 22.

58) Friedrich von Dauber: Ludwig Derleth. Der Dichter und sein Werk. Phil. Diss. Wien 1943.

59) A.a.O., S. 5.

ihnen das deutsche Weltbild von heute noch nicht in seinen strahlenden Ausmaßen vorauszuschauen vermochten.

2. Auch nach Abzug der religiösen Mystik Derleths verbleibt in seinem Werke ein auffallend reicher Bestand sittlich-idealer Werte und weltanschaulicher Grundeinsichten, von denen ein nicht unbeträchtlicher Teil zum nunmehr gemeingültigen Besitztum unserer Gesinnung von heute und fürderhin geworden ist.

3. Das christliche Fundament Derleths ist ein deutschgottgläubiges und frei von Kirchenpolitik und konfessionellem Dogma. In seiner mystisch-ekstatischen Komponente knüpft Derleths Glaubensbild an jene deutschen Mystiker des Mittelalters an, die sich in ihrer direkten Aussprache mit Gott zu der römischen Lehrmeinung in gerügten Widerspruch gesetzt hatten. (Sic!)

4. Derleth stellt sich uns in seinem Werke als eine Persönlichkeit von stärkstem Mannestum, von feststehendem Charakter, von unbestechlichem Urteil dar. Wo sich solche Deutsche auf dem Wege vom Dunkel zum Licht unseres Volkstums finden, verdienen sie einer sie beschattenden Vergessenheit entrissen und in die Reihe der Verdienstlichen sichtbarlich eingefügt zu werden.

5. Derleth ist nicht nur der bedeutsame Mensch, er ist auch der große Dichter, dem die Gnade geschenkt ward, den Hochflug seines Denkens und Wollens mit einer Sprachgewalt sondergleichen zu verewigen. Als fürstlicher Mehrer des deutschen Sprachgutes darf er den Großen in dieser Meisterschaft vollwertig zur Seite gestellt werden.

6. Für Derleth war Dichtkunst nie Selbstzweck; immer war sie ihm dienstbar, Bedeutsames zu vertreten und auf Höchstes hinzuwirken. Als streitbarer Denker, der Derleth stets gewesen, konnte er auch nie ein nur schöngeistiger Dichter sein.

7. Der Franke Derleth ist nicht nur dem Bluterbe nach ein deutscher Dichter, er ist es auch in seinem innersten Gehalte. Deutschland ist ihm durch die bloße Macht seiner höheren Kultur dazu berufen, die Führung der Welt zu übernehmen. (Der fränkische Koran, S. 464.).

So haben wir in dieser bloß dürftigen Zusammenfassung sieben Gründe für einen gewonnen, nicht nur über, sondern auch für Derleth schreiben zu dürfen.“ [60]

Der „Doktorvater“ Friedrich von Daubers war übrigens Josef Nadler, derselbe, der als Professor Georg Vogler im „Doktor Faustus“ (Kap. 34, Fortsetzung) zu einer präfaschistischen Gesprächsrunde gehört [61], und zwar zusammen mit dem Dichter Daniel Zur Höhe — dem „Propheten“ Daniel aus der frühen Skizze!

60) A.a.O., S. 5 ff.

61) Vgl. Thomas Mann: Briefe 1948—1955 und Nachlese, S. 30. (Brief an Emil Preetorius vom 24. 4. 1948.)

4. Kapitel: „Mario und der Zauberer"

Thomas Manns unentschiedene moralische Haltung, die wir an der Novelle „Gladius Dei" beobachten konnten, zeigt sich während des Ersten Weltkriegs zugunsten der Zeit-Verwerfung des Hieronymus verändert. Wie dieser einen möglichen kommenden Krieg, so bejaht Thomas Mann den inzwischen eingetretenen Krieg: „Wenn er (gemeint: Heinrich Mann) den Krieg für eine Züchtigung, ja eine Selbstzüchtigung a l l e r blutenden Völker erklärte; wenn er einen unbewußten und religiösen Versuch ihrer aller darin erblicken wollte, für die Sünden und Laster des fetten Friedens Buße zu tun und sich zu reinigen, — ich wollte schweigen, ich wollte ihm sogar zustimmen." [62] Und an anderer Stelle der „Betrachtungen eines Unpolitischen" fragt Thomas Mann: „Sah denn die Welt schöner aus vor dem Kriege? War etwa diese Friedenswelt, deren Zusammenbruch wir nicht ohne Andacht erlebten, menschlicher, milder, gütiger, liebevoller als die von heute? Der Krieg ist überlebt und verrottet, das weiß ich; aber als er jung war, als er einbrach und den „Frieden" hinwegfegte, — war nicht im Gegenteil damals Deutschland auf einen heiligen Augenblick s c h ö n ?" [63]

Mit dem Bekenntnis zur Weimarer Republik, abgelegt 1922 in der Rede „Von deutscher Republik" [64], gab Thomas Mann die in den „Betrachtungen eines Unpolitischen" beobachtete antidemokratische Haltung auf.[65] 1927 beteiligte er sich mit der Rede „München als Kulturzentrum" [66] an einer kulturpolitischen Kundgebung in München und forderte dazu auf, gegen reaktionäre, irrationale Tendenzen der Stadt, wie „antisemitischen Nationalismus" [67], vorzugehen, um den Charakter Münchens als Kulturzentrum zu wahren. Er plädierte für die „Gescheitheit", welche gerade zu dieser Stunde ein Lebenswert ersten Ranges sei.[68] Diese Rede hat, wie „Gladius Dei" und „Beim Propheten", München als Hintergrund. Sie zeugt von Aufgeschlossenheit für gefährliche politische Tendenzen, die im übrigen schon im früheren glücklichen Zustand der Stadt latent vorhanden gewesen waren: Man denkt an „Gladius Dei", wenn Thomas Mann sagt: „Der Zustand, in den München durch die allgemeine Heimsuchung geraten ist, war latent, als Gefahr, schon in seinem früheren, glücklichen, vielleicht allzu glücklichen Zustand enthalten, und vielleicht wäre es aus Leidenszeiten weniger beschädigt hervorgegangen, wenn es v o r h e r der Problematik geneigter, weniger Capua, weniger leidlos gewesen wäre, wenn es auf seinem Bekenntnis „Mir san gsund!" weniger behäbig geruht und das Künstlerische ein wenig geistiger verstanden hätte." [69]

62) Thomas Mann, Betrachtungen eines Unpolitischen, S. 323.
63) A.a.O., S. 461.
64) In: Reden und Aufsätze 2, S. 9 ff.
65) Vgl. Erika Mann, Einleitung zu „Betrachtungen eines Unpolitischen", S. XVI ff.
66) In: Altes und Neues, S. 314 ff.
67) A.a.O., S. 317.
68) A.a.O., S. 319.
69) A.a.O., S. 318.

Als Thomas Mann diese Rede hielt, hatte er nicht nur in Deutschland schon die Bekanntschaft mit radikalen nationalistischen Strömungen gemacht, sondern auch in Italien, in dem 1922 der Faschismus unter Mussolini an die Macht gekommen war.[70] Während eines Badeaufenthaltes in Forte bei Marmi bei Viareggio vom 31. August bis 13. September 1926, zu einem Zeitpunkt, da der Faschismus in Italien totalitär geworden war [71], erlebte der Dichter die „Episode mit einem Zauberer, die später ihren literarischen Niederschlag in der Novelle „Mario und der Zauberer" (fand)." [72] Bis auf den „letalen Ausgang" geht die Novelle auf Selbsterlebtes zurück.[73] Sie entstand im August 1929 und erschien im April 1930.[74]
Als Thomas Mann die der Novelle zugrundeliegende Begebenheit erlebte, und als er sie dichterisch gestaltete, hatte er somit die reale historische Situation eines faschistischen Führer-Staates vor Augen. Das ist der Unterschied gegenüber der Zeit, da „Gladius Dei" und „Beim Propheten" entstanden. Das Verhältnis Führer und Geführte war im Staat Mussolinis politische Wirklichkeit geworden. Die Partei herrschte, und diese wiederum war „zusammengefaßt unter dem einheitlichen Willen des „Führers" (Duce del Fascismo)".[75]
Thomas Mann weiß von dem negativen Führer-Typ, den er schon im „Propheten" entlarvte und ablehnte, in der Geschichte vom faschistischen Zauberkünstler den politischen Namen. Kurt Löwenstein sagt: „Auch in dieser Erzählung (gemeint: wie im „Propheten", so auch in „Mario und der Zauberer") tritt ein deutlicher Hinweis auf die suggestive Macht der unheimlichen Persönlichkeit einschließlich der Schilderung ihres Äußeren hervor. Das wurde allerdings bereits unter dem Eindruck des faschistischen Italiens geschrieben (...). Ihr Ende und die Stellungnahme des Dichters (gemeint: die „Erzählung" „Mario und der Zauberer") entsprachen dem Wandel der Zeit. Damals — 1904 — war der Schluß eine Art von skeptischer Fragestellung. Jetzt bezieht der Autor Stellung zum gewaltsamen Tode des Zauberkünstlers mit der Reitpeitsche: „Ein Ende mit Schrecken, ein höchst fatales Ende. Und ein befreiendes Ende dennoch, — ich konnte und kann nicht umhin, es so zu empfinden!" " [76]
„Gladius Dei" und „Beim Propheten" zeugen von einer „unagitatorischen und nur seismographisch anzeigenden Empfindlichkeit", die nichts anderes ist als „eine andere, stillere und indirektere Form politischen Wissens".[77] Wenn sich Thomas Mann in „Mario und der Zauberer" über das „seismographische" Erfassen und Beobachten von Strömungen und Tendenzen der Zeit hinaus über seine politische (antifaschistische) Haltung bewußt

70) Ernst Nolte, S. 260.

71) A.a.O., S. 81.

72) Hans Bürgin, S. 76.

73) Vgl. Thomas Mann, Briefe 1889—1936, S. 299 f.

74) Hans Bürgin, S. 85.

75) Karl Plötz, S. 1116.

76) Kurt Löwenstein, S. 41 f.

77) Thomas Mann, Reden und Aufsätze 1, S. 554 („Lebensabriß", 1930), anläßlich seines Schauspiels „Fiorenza".

ausweist, so bedeutet das fließende Grenzen zwischen dem politischen und dem ethischen Bereich. So sagt Thomas Mann in einem Brief:

> „Was „Mario und der Zauberer" betrifft, so sehe ich nicht gern, wenn man diese Erzählung als eine politische Satire betrachtet. Man weist ihr damit eine Sphäre an, in der sie allenfalls mit einem kleinen Teil ihres Wesens beheimatet ist. Ich will nicht leugnen, daß kleine politische Glanzlichter und Anspielungen aktueller Art darin angebracht sind, aber das Politische ist ein weiter Begriff, der ohne scharfe Grenze ins Problem und Gebiet des Ethischen übergeht, und ich möchte die Bedeutung der kleinen Geschichte, von Kleinigkeiten abgesehen, doch lieber im Ethischen als im Politischen sehen." [78]

1948 dagegen, nach achtzehn weiteren Jahren politischer Erfahrung, weist Thomas Mann dem politischen Element der Novelle mit Recht eine größere Bedeutung zu und spricht von dem Werk als von einer

> „(...) stark ins Politische hinüberspielenden Geschichte, die mit der Psychologie des Faschismus — und derjenigen der „Freiheit", ihrer Willensleere, die sie gegen den robusten Willen des Gegners so sehr in Nachteil setzt, innerlich beschäftigt ist." [79]

Das „Ethisch-Symbolische", das Thomas Mann, nach seinen eigenen Worten, beim Schreiben der Novelle aus dem „Privaten" erwuchs [80], ist ohne politische Erfahrung, ohne ein herausgefordertes und leidendes Anteilnehmen an und Stellung-Beziehen zu den faschistischen Tendenzen in Deutschland [81] und Italien nicht zu denken. Darüber soll im Folgenden gehandelt werden.

Schon aus der Schilderung der Erlebnisse am Strand geht hervor, daß die Geführten, hier gereizte italienische Nationalisten, sich im Sinn eines Massenwahns oder einer Art Krankheit verhalten. Den Kindern des Touristen-Ehepaares, die unter diesem „unheiter-spielverderberischen" Benehmen zu leiden haben, erklären die Eltern, die Leute hier „machten soeben etwas durch, so einen Zustand, etwas wie eine Krankheit, wenn sie wollten, nicht sehr angenehm, aber wohl notwendig." (S. 666 f.). Als ideologisches Element des italienischen Faschismus tritt ein mit Fremdenhaß und „Sittenstrenge" gepaarter Nationalismus peinlich in Erscheinung (vgl. besonders S. 667 f.).

Die gespannte Atmosphäre verkörpert sich in Cipolla (vgl. S. 695). Ohne religiöse Verbrämung und mystischen Anspruch, wie bei Daniel, äußert sich sein Wille zur Herrschaft. Wollte Hieronymus, in seinem Wunschtraum, religiöse und sittliche Vorstellungen mit Gewalt durch Mobilisierung der Massen durchsetzen und Daniel verschwommene imperialistische und pseudoreligiöse Ziele durch Anwerbung todbereiter Truppen errei-

---

78) Thomas Mann, Briefe 1869—1936, S. 315, Brief vom 15. 4. 32.

79) Thomas Mann, Altes und Neues, S. 679 („Sechzehn Jahre").

80) Thomas Mann, Reden und Aufsätze 1, S. 562(„Lebensabriß").

81) Vgl. z. B. Thomas Mann „Zu Lessings Gedächtnis", Jan. 1929, in: Altes und Neues, S. 160 ff.

chen, so gelingt Cipolla, der aus seiner faschistischen Gesinnung auch theoretisch kein Hehl macht (vgl. S. 678 f., S. 682 f., S. 706), gegenüber diesen beiden Erfolglosen die Unterwerfung der Menge. Er ist nicht wie sie beziehungslos mit irgendwelchen zukünftigen Massen Geführter konfrontiert, sondern er ist ein Führer mit realer Macht. Es kommt ihm freilich zugute, daß der Faschismus in Italien am Ruder ist und seine Auswirkung sich, wie überall im Lande, so auch in dem Badeort spürbar gemacht hat.
Cipolla holt sich seine Versuchspersonen aus dem „Volk" und „(hütet) sich, den vornehmen Teil seines Publikums zu belästigen". (S. 681 f.). Die Ich-Person scheint ja auch zu keinem Zeitpunkt Bedenken zu haben, daß sie selbst auf die Bühne gerufen werden könnte. Mit unbehaglich gefesselten Gefühlen aber verfolgt sie dennoch das Programm, dessen zweite Hälfte „ganz offen und ausschließlich auf den Spezialversuch, die Demonstration der Willensentziehung und -aufnötigung gestellt (ist)".(S. 696 f.). Auch jetzt tritt Cipollas sadistische und zynische Menschenverachung häufig zutage. Erinnert sei etwa an die Stelle, wo geschildert wird, wie er, der „Unhold im Salonrock", sich auf einen von ihm in Tiefschlaf gebannten Mann hockt. Schamloserweise behauptet er derjenige zu sein, der anstelle des Opfers leide, — deshalb gelte das Mitleid des Publikums einem Falschen. (Vgl. S. 697 f.).
In seiner Willensleere unterliegt das europäische Publikum dem faschistischen Zauberkünstler. Es wird von dessen robustem Willen in eine Masse von Geführten verwandelt; die Menschen reagieren nicht mehr, wie sie als Individuen reagieren würden. Besonders nach der Pause hat Cipolla ein „lachendes, kopfschüttelndes, sich aufs Knie schlagendes, applaudierendes Publikum, das deutlich im Bann einer Persönlichkeit von strenger Selbstsicherheit (steht), obgleich es (. . .) nicht ohne widerspenstiges Gefühl für das eigentümlich Entehrende (ist), das für den einzelnen und für alle in Cipollas Triumphen (liegt)". (S. 697). Es gelingt ihm die „Auflösung der kritischen Widerstände (. . .), die so lange dem Wirken des unangenehmen Mannes entgegengestanden (sind)". (S. 700). Dies bedeutet den Sieg des Prinzips der Gewalt — und für Thomas Mann war die Gewalt das Wesen des Faschismus.[82]
Sogar am eigenen Beispiel deutet Thomas Mann ehrlicherweise die Willensschwäche des Publikums, und zwar gerade auch seines vornehmen Teils, an. Auch neben dem Programm, auch zwischen den Kunststücken findet sich das Touristen-Ehepaar in seiner Entschlußkraft durch die „Faszination" gelähmt, die von Cipolla ausgeht, doch spiele überdies Neugier eine Rolle — im Grunde gehe es um die Frage, warum man nicht schon vorher Torre verlassen habe, wo es ebenso kränkend zugegangen sei. (S. 695 f.). Thomas Mann erfuhr die Willensschwäche des typischen europäischen Bildungsbürgers gegenüber der faschistischen Suggestion während seines Aufenthalts in Forte dei Marmi am eigenen Leibe. Seine skeptischen Worte hinsichtlich seiner (bürgerlichen) Generation sind vielleicht in diesem Licht zu verstehen: „(. . .) es steht recht zweifelhaft darum

82) Thomas Mann, Reden und Aufsätze 2, S. 108 („Vom kommenden Sieg der Demokratie", 1938).

(gemeint: um unsere „Bürgerlichkeit"); wir sind eher gekommen, das Bürgerliche aufzulösen als es zu erfüllen." [83] Die Sätze stammen übrigens aus dem Aufsatz „Die Unbekannten", der während eben jenes Aufenthalts geschrieben wurde.[84]

Ebenfalls während dieser Zeit in Forte dei Marmi verfaßte Thomas Mann ein Vorwort zu Joseph Conrads Roman „The Secret Agent" (1907) [85] und sagte darin unter anderem: „Geistig werden sich namentlich diejenigen zu ihm (gemeint: Conrad) finden, die im Gegensatz zu dem begeisterten Glauben einer großen Mehrzahl der Meinung sind, daß die Rolle der Freiheitsidee in Europa noch nicht ausgespielt hat." [86]

Der großen Anzahl der Anhänger des Faschismus stehen, wie Thomas Mann hier andeutet, andere gegenüber, die sich zur Wehr setzen und ihre Freiheit verteidigen wollen. In „Mario und der Zauberer" zeigt der Dichter namentlich am Beispiel des Giovanottos, eines streitbaren jungen Mannes (S. 676 ff., 683 ff.), eines Herrn aus Rom (S. 689 f., 701 f.) und eines „schnurrbärtig stattlichen Colonellos" (S. 698) die Fehler auf, die dabei begangen werden können. So heißt es in Bezug auf letzteren: „Er schien zu wollen und nicht zu können — aber er konnte wohl nur nicht wollen, und es waltete da jene die Freiheit lähmende Verstrickung des Willens in sich selbst, die unser Bändiger vorhin schon dem römischen Herrn höhnisch vorausgesagt hatte." (S. 698).

Als besonders wesentlich ist die Deutung erkannt worden, die Thomas Mann der zweiten Niederlage des Herrn aus Rom zuteil werden läßt. So sagt z. B. Georg Lukács: „(...) wir haben es bereits (gemeint ist „Mario und der Zauberer") mit der entfalteten Massenkampfweise des Faschismus, mit Suggestion und Hypnose zu tun. Verdunkelung des Intellekts, Brechen des Willens: das ist die Philosophie der militanten Reaktion, wenn sie aus den Studierstuben und Literaten-Cafés auf die Straße dringt, wenn die Schopenhauer und Nietzsche von den Hitler und Rosenberg abgelöst werden. (Thomas Mann) gestaltet mit genialer Sinnfälligkeit diesen Schritt; (er) zeigt in fein abgetönter Vielfarbigkeit die Hilflosigkeit des deutschen Bürgers (nicht nur des deutschen! A. d. V.) der Hypnose der faschistischen Macht gegenüber. (...) wir (müssen) uns auf ein bezeichnendes Beispiel beschränken. Ein „Herr aus Rom" will sich nicht der Tanzsuggestion des Zauberers unterwerfen, unterliegt aber nach kurzem tapferem Widerstand. Thomas Mann charakterisiert diese Niederlage mit großartigem Scharfsinn und echter Tiefe: „Verstand ich den Vorgang recht, so unterlag dieser Herr der Negativität seiner Kampfposition. Wahrscheinlich kann man vom Nichtwollen seelisch nicht leben; eine Sache nicht tun wollen, das ist auf die Dauer kein Lebensinhalt; etwas nicht wollen und überhaupt nicht mehr wollen, also das Geforderte dennoch tun, das liegt vielleicht zu benachbart, als daß nicht die Freiheitsidee dazwischen ins Gedränge geraten müßte (...)." Die Wehrlosigkeit jener Menschen aus dem deutschen

83) Thomas Mann, Reden und Aufsätze 2, S. 748.

84) Hans Bürgin, S. 76.

85) Thomas Mann, Altes und Neues.

86) Thomas Mann, Altes und Neues, S. 506.

Bürgertum, die Hitler nicht wollten, ihm jedoch über ein Jahrzehnt widerstandslos gehorchten, kann nicht besser beschrieben werden." [87]
Dem Römer gelingt es nicht, „die Ehre des Menschengeschlechts (herauszuhauen)". (S. 702). Er ist ein Beispiel dafür, wie der Faschismus den sittlichen Ordnungswiderstand und damit die im Menschen verinnerlichten Werte der christlich-abendländischen Tradition zu brechen suchte. So war für Thomas Mann der Nationalsozialismus im Moralischen auf die Vernichtung der Grundfesten der Zivilisation aus; die sittlichen Grundgesetze des Abendlandes seien schamlos bedroht.[88] Bei der Schilderung des Unterfangens des Römers, Cipolla zu widerstehen, handelt es sich auch um die Andeutung der Situation der „Inneren Emigration" unter dem Nationalsozialismus, die Thomas Mann bekanntlich durch die „Äußere Emigration" vermieden hat.[89] Der Römer vertritt das Prinzip der Verweigerung, er will in Ruhe gelassen werden, während Cipolla ihn permanent angreift.
Nach dem „„Fall"" des Römers (S. 703) ist „Cipollas Triumph auf seiner Höhe". (S. 703). Jener ist dazu entwürdigt worden, auf der Bühne zu tanzen. Schließlich, nämlich ziemlich weit nach Mitternacht, befinden sich acht oder zehn Personen in dieser Lage. Cipolla „hält" sie mit seiner Peitsche „in Zucht". (S. 702 f.). 1937 sprach Thomas Mann vom „Tierbändigertyp mit Peitsche und Revolver, (dem) Typ des Massenhypnotiseurs, der heute als Staats- und Volksführer die Zukunft für sich zu haben scheint (...)".[90]
Cipolla nutzt die Anziehungskraft aus, welche die Möglichkeit der Selbst-Aufgabe auf den Menschen auszuüben vermag. Wenn er seine Opfer im übertragenen und im buchstäblichen Sinn nach seiner Peitsche tanzen läßt, so hat er sie damit enthemmt und ihnen ein Vergnügen eigener Art bereitet. Der Zustand eines besonders erbötigen Jünglings findet folgende Deutung durch Thomas Mann:

> „(Er) hatte eine Art, sobald ihn der Meister nur mit dem Blicke anfuhr, wie vom Blitz getroffen den Oberkörper zurückzuwerfen und, Hände an die Hosennaht, in einen Zustand von militärischem Somnambulismus zu verfallen, daß seine Erbötigkeit zu jedem Unsinn, den man ihm auferlegen würde, von vornherein in die Augen sprang. Auch schien er in der Hörigkeit sich ganz zu behagen und seine armselige Selbstbestimmung gern los zu sein; denn immer wieder bot er sich als Versuchsobjekt an und setzte schließlich seine Ehre darin, ein Musterbeispiel prompter Entseelung und Willenlosigkeit zu bieten. Auch jetzt stieg er aufs Podium und nur eines Luftstreiches der Peitsche bedurfte es, um ihn nach Weisung des Cavaliere dort oben Step tanzen zu lassen, das heißt in einer Art von wohlgefälliger Ekstase mit geschlossenen Augen

---

87) Georg Lukács: Thomas Mann, S. 35; vgl. auch Fritz Martini, Nachwort, S. 611 f.; R. Hinton Thomas, S. 166 f.; Hans Eichner, S. 52 f. u. a.

88) Thomas Mann, Reden und Aufsätze 2, S. 159 f. („Das Problem der Freiheit", 1939.).

89) Über die Auseinandersetzung zwischen „Äußerer" und „Innerer Emigration", zwischen Thomas Mann und Frank Thieß u. a. vgl. Die große Kontroverse.

90) Thomas Mann, Altes und Neues, S. 621. („Thomas Masaryk", 1937).

und wiegendem Kopf seine dürftigen Glieder nach allen Seiten zu schleudern." (S. 701).

Thomas Mann zeigt an diesem Beispiel besonders deutlich eine Abneigung des Menschen gegen die Freiheit, nach eigenem Willen zu entscheiden. Noch im Jahr 1950 schrieb er: „Nichts ist naiver, als die Freiheit fröhlich moralisierend gegen den Despotismus auszuspielen, denn sie ist ein beängstigendes Problem, beängstigend in dem Maße, daß es sich fragt, ob der Mensch um seiner seelischen und metaphysischen Geborgenheit willen nicht lieber den Schrecken will als die Freiheit." [91] Und schon 1914 sprach Thomas Mann vom lockenden „Mysterium der Abdankung", der grausigen Versuchung für einen Menschen, seine Persönlichkeit und Verantwortlichkeit hinter sich zu lassen und dem Wahnsinn nachzugeben.[92]
Im Sinn Hans Kasdorffs ist Cipollas auf ständiger Erneuerung beruhende Herrschaft und damit er selbst von dem Augenblick an gefährdet, da „in sein ganzes Gehabe und auch in den Tonfall seiner Worte etwas Sattes und Paschahaftes, etwas von Räkelei und Übermut eingetreten (ist)". (S. 706).[93] Gerade zu diesem Zeitpunkt aber winkt er Mario auf die Bühne. Auf dem Höhepunkt der Tanzorgie und der ausgelassenen Stimmung des Publikums geht der junge Kellner auf das Winken des „im Erfolg thronenden Mannes" (S. 704) hin zur Bühne. Bei der Begegnung mit Cipolla verhält er sich weder aggressiv wie der Giovanotto noch verweigernd wie der Römer. Er ist weder im positiven noch im negativen Sinn von dem Zauberer beeindruckt. Er ist zerstreut, melancholisch, höflich. Ganz erfüllt von seiner unglücklichen Liebe, erschießt er Cipolla, der ihn darin zu entehren versucht hat, indem er die latente Bereitschaft in den Liebesgefühlen des jungen Mannes, sich täuschen zu lassen, ausnutzte. Die Ich-Person empfindet das Handeln Marios als ein zugleich fatales und befreiendes Ende (S. 711). Die moralisch-politische Lehre Thomas Manns ist hier die, daß es, um gegen die faschistische Suggestion, die Versuchung durch das Böse einigermaßen gewappnet, sozusagen vorbereitet, wenn auch nicht gerade gefeit zu sein, weniger auf starken Willen und Vorsatz als auf den Schutz durch ein positives Ideal, einen Glauben, eine Liebe ankommt.
Wenn die Ich-Person den Mord an Cipolla als ein vorgezeichnetes und im Wesen der Dinge liegendes Ende empfindet (vgl. S. 658), so liegt hier Thomas Manns gewandelte Einstellung zur Frage der Moral zugrunde. Die Heraufkunft des Faschismus, besonders des Nationalsozialismus lehrte den Dichter den Affekt des Hasses und den Glauben an die Existenz des Bösen. Das läßt sich anhand zahlreicher Stellen aus seinen Reden und Aufsätzen belegen. Thomas Mann sagte etwa in der „Frankfurter Ansprache im Goethejahr" (1949), ohne das deutsche Unheil, ohne die ruchlosen Verderber Deutschlands und Europas hätte er den Affekt des Hasses nie kennengelernt.[94] Der Ich-Erzähler des „tragischen Reiseerlebnisses"

91) Thomas Mann, Reden und Aufsätze 1, S. 583 („Meine Zeit").
92) Thomas Mann, Altes und Neues, S. 37 f. („Eine Szene von Wedekind").
93) Hans Kasdorff, S. 156 f.
94) Thomas Mann, Altes und Neues, S. 418.

empfindet das Ende Cipollas als ein vorgezeichnetes Ende — Thomas Mann hielt sich während der nationalsozialistischen Herrschaft daran aufrecht, daß „dieses vor Gott und den Menschen unmögliche Regime nicht bestehen könne, daß ihm „trotz Gewalt und Müh'" ein schändlicher Untergang unfehlbar vorgezeichnet sei".[95]
Was den durch schreckliche weltgeschichtliche Erfahrungen gewonnenen Glauben an die Existenz des Bösen betrifft, so sei beispielsweise an folgende Äußerungen Thomas Manns erinnert:

> „Wir haben von einem neuen human-religiösen Gefühl gesprochen, das aus Leidenstiefen sich heute erhebe; und wirklich glauben wir, daß keine tiefere Empfindung für das Problem des Menschentums eines religiösen Einschlages je entraten wird (. . .); (der Mensch) weiß, was gut und böse ist, er besitzt das Absolute." (1937).[96]

> „Zum Bewußtsein kommen heißt: ein Gewissen bekommen, heißt wissen, was gut und böse ist (. . .)." (1938).[97]

> „Dem Menschen ist das Absolute gegeben — möge das nun ein Fluch oder ein Segen sein, es ist eine Tatsache. Er ist ihm verpflichtet, sein Wesen ist nach ihm gerichtet; und im menschlichen Bereich nimmt sich die wahrheitswidrige, freiheitsfeindliche und rechtlose Gewalt darum so subaltern, so verächtlich aus, weil sie ohne Gefühl und Verstand ist für die Verbundenheit des Menschen mit dem Absoluten und ohne Begriff für die unabdingbare Würde, die ihm aus dieser Verbundenheit erwächst." (1938).[98]

> „Ich habe (. . .) von Wahrheit, Recht, christlicher Gesittung, Demokratie gesprochen — meine rein ästhetisch gerichtete Jugend hätte sich solcher Worte geschämt, sie als abgeschmackt und geistig undistinguiert empfunden. Heute spreche ich sie mit ungeahnter Freudigkeit. Denn die Situation des Geistes hat eigentümlich gewechselt auf Erden. Eine Epoche zivilisatorischen Rückschlages, der Gesetzlosigkeit und Anarchie ist offenbar angebrochen im äußeren Völkerleben; aber eben damit, so paradox es klingt, ist der G e i s t in ein m o r a l i s c h e s Zeitalter eingetreten, will sagen: in ein Zeitalter der Vereinfachung und der hochmutlosen Unterscheidung von Gut und Böse. Ja, wir wissen wieder, was gut und böse ist. Das Böse hat sich uns in einer Graßheit und Gemeinheit offenbart, daß uns die Augen aufgegangen sind für die Würde und schlichte Schönheit des Guten, — daß wir uns ein Herz dazu gefaßt haben und es für keinen Raub an unserer Finesse erachten, es zu bekennen." (1939).[99]

Von Thomas Manns zeitcharakteristisch-neuem, „fast kindlich-märchenhafte(m) Blick auf „Das Böse" "[100] zeugt in „Mario und der Zauberer" mit

95) A.a.O., S. 419.

96) Thomas Mann, Reden und Aufsätze 2, S. 537 f.

97) A.a.O., S. 110.

98) A.a.O., S. 107.

99) A.a.O., S. 163 f.

100) Bisher unbekannter Brief Thomas Manns an seinen Sohn Klaus vom 3. 12. 36, erstmals veröffentlicht in „Die Neunzehn. Texte und Informationen 1970." Hier auf S. 4 das Zitat.

plastischer Deutlichkeit jene Stelle, da aus der „erlebten“ Perspektive der Kinder geschildert wird, wie Cipolla „ihrem Freunde Mario, Mario vom „Esquisito“, winkte, — ihm winkte, recht wie es im Buche steht, indem er die Hand vor die Nase hielt und abwechselnd den Zeigefinger lang aufrichtete und zum Haken krümmte“. (S. 704). Das Böse taucht wie ein lange unsichtbares oder unklares Muster wieder an die Oberfläche: es ist eine „grotesk-musterhafte Art“, in welcher der Zauberer fortfährt zu winken. (S. 704).

Die Begegnung Marios mit Cipolla ist eine Begegnung der Macht des Anständigen mit derjenigen des Bösen, „Dämonischen“ (vgl. u. a. S. 700). Mario, der Cipolla und sein „dunkles Spiel“ (S. 691) erst dann richtig durchschaut, als er sich von ihm tödlich beleidigt fühlt, fällt, zur Waffe greifend, zumindest objektiv die Rolle des Guten zu, das soll heißen, er vertritt im Augenblick des Tötens das Gute als Negation des Bösen, wenn auch nicht als positives Programm. Er handelt unwillkürlich, und als dumpf Reagierender hat er eine andere Funktion als etwa Moses im „Gesetz“, der sein Ziel geplant, bewußt und willensstark im Sinn eines göttlichen Geheißes verfolgt.

Daß gerade ein hypnotisches Verhältnis zwischen zwei Menschen genommen wird, um den notwendigen Untergang des Bösen zu erweisen, erinnert an Herman Melville und seine von Thomas Mann bewunderte Erzählung „Billy Budd“.[101] Billy, den Thomas Mann „schlicht und doch irgendwie erhaben“ nennt [102], — eine auch auf Mario zutreffende Charakterisierung —, wird vor dem Kapitän Vere von dem Waffenmeister Claggart verleumdet und, wie Mario, in seinen heiligsten Gefühlen verletzt. Melville schreibt: „With the measured step and calm collected air of an asylum-physician approaching in the public hall some patient beginning to show indications of a coming paroxysm, Claggart deliberately advanced within short range of Billy, and mesmerically looking him in the eye, briefly recapitulated the accusation.“ [103] Es folgt Billys kurze „hypnotische“ Niederlage: „Not a first did Billy take it in. When he did the rosetan of his cheek looked struck as by white leprosy. He stood like one impaled and gagged.“ [104] Wie Mario, so rächt sich auch Billy kurz nach seinem „Erwachen“ in einer unwillkürlichen, wie gelenkten Art und tötet seinen Verleumder, der undurchsichtig böse ist wie Cipolla — oder auch wie der nachtmarhafte „Sandmann“ Coppelius und der Wetterglashändler Coppola in E. T. A. Hoffmanns „Nachtstück“ „Der Sandmann“. In ihm gibt es über die Namensähnlichkeit hinaus noch motivische Ähnlichkeiten mit der Mann'schen Novelle, insofern z. B. in dieser hypnotisierte Menschen wie Automaten tanzen und in dem „Nachtstück“ eine Automate täuschend menschenähnlich tanzt. Hier freilich bleibt die Auflehnung gegen eine dämonisch und tyrannisch wirkende Persönlichkeit fruchtlos, wogegen Claggart und Cipolla scheitern. Billy erschlägt den

101) Thomas Mann, Nachlese, S. 234 ff.

102) A.a.O., S. 235 f.

103) Herman Melville, S. 866 f.

104) A.a.O., S. 867.

Waffenmeister („(...) quick as the flame from a discharged cannon at night, his right arm shot out, and Claggart dropped to the deck.“ [105]), und Mario erschießt den Zauberer („(...) Mario, geweckt, fuhr auf und zurück. Er stand und starrte (...), machte kehrt und stürzte (...) die Stufen hinunter. Unten, in voller Fahrt, warf er sich mit auseinandergerissenen Beinen herum, schleuderte den Arm empor, und zwei flach schmetternde Detonationen durchschlugen Beifall und Gelächter.“ (S. 710 f.)).
Mario ist Gefäß einer höheren Macht wie Billy Budd, von dem E. M. Forster sagt: „He is not himself aggressive. It is the light within him, that irritates and explodes.“ [106] „(...) the power within him explodes, and he knocks down his traducer, kills him, and has to be hanged.“ [107]
Daß viele Zuschauer durch Cipolla in einem gewissen Sinn auch entlarvt worden sind, zeigt sich an ihrer Reaktion auf den Mord an dem Zauberer. Offenbarte sich die untertänige Seite des sonst nur als sadistischer Willensbrecher auftretenden Hypnotiseurs in seiner verbalen Ehrfurchtsgebärde gegenüber der faschistischen Regierung (vgl. z. B. S. 678 f.), so enthüllt sich die grausame Seite des Publikums, das ja je länger desto mehr die eigene Niederlage bejubelt hat, in dem Augenblick, als es sich mit auffallender Aggressivität und unnötig eilfertiger Schnelligkeit auf Mario stürzt (vgl. S. 711), der den Beleidiger Torre di Veneres (vgl. S. 679) und des Publikums erschossen hat. Mario erscheint hier als Objekt für die aufgestauten Aggressionen der selbst Unterdrückten, die sich nicht gegen die Ursache der Unterdrückung (Cipolla) wenden, sondern gegen den „Sündenbock“. Obendrein macht diese Stelle deutlich, daß nicht für alle Zuschauer — und das heißt im übertragenen Sinn: nicht für alle einem faschistischen System enthobenen Menschen — die Auflösung des Verhältnisses von Führer und Geführten etwas Angenehmes, eine Erlösung, ein befreiendes Ende zu bedeuten braucht.

5. *Kapitel:* „Das Gesetz“

In „Gladius Dei“ glaubt nur Hieronymus vom leuchtenden München, daß es einen „Götzendienst der gleißenden Oberfläche“ (S. 211) treibe. Die Berufenheit des religiösen Eiferers und damit auch sein Führungs-Anspruch sind ironisiert: Der Bußprediger wähnt, Gott verlange von ihm einen „Opfergang unter die lachenden Feinde“ (S. 205). „In der dritten Nacht aber geschah es, daß ein Befehl und Ruf aus der Höhe an Hieronymus erging, einzuschreiten und seine Stimme zu erheben gegen leicht-

105) A.a.O., S. 867.
106) E. M. Forster, S. 144.
107) A.a.O., S. 145.

herzige Ruchlosigkeit und frechen Schönheitsdünkel." (S. 204 f.). „Da machte er sich am Vormittage auf und ging, weil Gott es wollte, den Weg zur Kunsthandlung (...)." „(...) er drückte (...) die Klinke der mit Plakaten und Kunstzeitschriften verhangenen Glastür." „Gott will es", sagt er und trat in den Laden." (S. 205).

Im Unterschied zu Hieronymus vereinigt Moses in Thomas Manns Erzählung „Das Gesetz" (1943) moralische und menschliche Größe in sich. Seine Berufenheit ist ernsthafter gesehen und eindeutig konzipiert. Das Wirken eines unsichtbaren Gottes, was immer man unter ihm verstehen mag, ist dichterisch stark gestaltet: ohne Moses' Glauben an Jahwe keine Berufung, ohne Berufung keine Befreiungstat und kein Erziehungswerk. Der Beauftragte, Erwählte, Berufene (vgl. S. 827, 863, 869) steht mit Jahwe in geheimnisvoller Beziehung, und manchmal wird die Möglichkeit einer Identität angedeutet.[108] So wird z. B. einmal von ihm gesagt:

> „Ja, wenn er ihnen (gemeint: Moses dem Volk seines Vaters) verkündete, daß Jahwe, der Unsichtbare, Lust zu ihnen habe, so deutete er dem Gotte zu und trug in ihn hinein, was möglicherweise auch des Gottes war, zugleich aber mindestens auch sein eigen: Er selbst hatte Lust zu seines Vaters Blut, wie der Steinmetz Lust hat zu dem ungestalten Block (...)." (S. 817).

Moses weiß, daß das Volk ihn mit Jahwe zu verwechseln neigt: „ „Ich bin der Herr, euer Gott", sagte er auf die Gefahr hin, daß sie ihn wirklich selbst dafür hielten (...)." (S. 857). Es kommen sogar ironische Stellen vor, da man nur Moses zu hören meint, dann aber bedeutet wird, daß Gott durch ihn spricht, z. B. in den an das Volk gerichteten Worten Moses' nach dem Tanz ums Goldene Kalb: „ „(...) Ausgemacht sollen die Rädelsführer sein, die da zuerst nach güldenen Göttern geschrien und frech behauptet haben, das Kalb habe euch aus Ägypten geführt, wo ich allein es getan habe — spricht der Herr (...)." " (S. 879).

Das Berufenheitsmotiv gilt im „Gesetz" auch für die Kinder Israel, die von Jahwe erwählt worden sind, sich aber nur schwer daran gewöhnen können. Es ist ihnen sowohl bei Moses' Befreiungstat als auch bei seinem Bemühen, sie für Jahwe zu formen, zu vergeistigen, zu heiligen, nicht ganz geheuer zumute. Als Moses z. B. Äußerungen des Triumphs über den „Fall deines Feindes", hier den Untergang der ägyptischen Streitmacht, im Namen Jahwes untersagt, kommt das dem Volk „hochgradig unnatürlich" vor, und den „Bewußteren" unter ihnen „(fängt) es zu dämmern an, (...) wie unheimlich-Anspruchsvolles es damit auf sich (hat), sich einem unsichtbaren Gott verschworen zu haben". (S. 839).

Überhaupt geht mit dem Berufenheits-Motiv das Motiv des Sich-Sträubens gegen den Auftrag Hand in Hand. Als Moses' erster Versuch, Ramses zur Freigabe der Ebräer zu bewegen, gescheitert ist, hat er „schwere Stunden mit dem Gott des Dornbusches" und „(hält ihm vor), wie er, Mose, gleich dagegen gewesen sei, daß ihm dies aufgetragen werde, und gleich gebeten

108) Vgl. dazu W. G. Kümmel, S. 544 ff.; Helmut Hannemann, S. 150 ff.; außerdem Karl Kerenyi, S. 32; Beda Allemann, S. 161 f.

habe, wen immer sonst, nur ihn nicht, zu senden, da er nicht ordentlich reden könne". (S. 831). (Ähnliches gilt für Hieronymus. „Er (wendet), Moses gleich, seine blöde Zunge vor" (S. 205), um der Ausführung des Auftrags zu entgehen.)
So ist Moses im Gegensatz zu Hieronymus durchaus als der berufene geistige Führer gesehen. Die moralische Beurteilung ist eindeutig, die Polarisierung unverkennbar: Die vom Goldenen Kalb Besessenen sind sich, als es zum Konflikt mit dem von Moses verkündeten Sittengesetz kommt, durchaus ihres Frevels bewußt. Auch fehlt es Moses nicht, wie dem Hieronymus, an politischer Macht. Mit ihrer Hilfe kann er das Sittengesetz langsam gegen den Widerstand irrationaler Kräfte durchsetzen und dem Volk einprägen. Lenker der Geschicke eines ganzen Volkes, ist ohne ihn der Kampf gegen das Unmenschliche, das Unmoralische und Ungeistige, der Fortschritt, nicht zu denken.
Im Unterschied zu „Gladius Dei" und „Beim Propheten" geht es in „Mario und der Zauberer" und „Das Gesetz" um Führer mit realer Macht, um ein realisiertes Verhältnis von einem Führer und einer Masse Geführter. In dem „tragischen Reiseerlebnis" führt Cipolla das Publikum, im „Gesetz" führt Moses das Volk Israel. In beiden Fällen ist eine eindeutige moralische Beurteilung zu erkennen, nur daß sie in der biblischen Erzählung durch Berufung auf die mosaische Gesetzgebung noch gesteigert und ins Grundsätzliche gewendet erscheint. Während die Geführten ähnlich aufgefaßt sind — Thomas Mann sieht den fehlbaren, gedankenlos-anfälligen Normalmenschen — ist der Führer verschieden konzipiert. Cipolla ist der Vertreter des bösen Prinzips, der die Menge verführt, während Moses den derart verführbaren, den erniedrigten, entmenschlichten Menschen aufrichten will. Cipolla ist darauf bedacht, den Menschen von seiner Fixiertheit auf Werte der christlich-abendländischen Tradition, von sittlichen Normen, zu trennen. (Vgl. S. 36 o.). Es gelingt dem Römer nicht, „die Ehre des Menschengeschlechts (herauszuhauen)". (S. 702). Der negative Führer-Typ Cipolla will das zerstören, was der positive Führer-Typ Moses dem Menschen anzuerziehen versucht hat.
Der zeitpolitische Hintergrund der Moses-Erzählung ist der Zweite Weltkrieg. Das Werk war bei seinem Entstehen 1943 ein Politikum:

> „(Thomas Mann) war 1943 in Amerika aufgefordert worden, eine kurze essayistische Einleitung zu einem Buche zu schreiben, das den Titel „The Ten Commandments" (Die Zehn Gebote) führen sollte und in dem zehn namhafte Schriftsteller „in dramatischen Erzählungen die verbrecherische Mißachtung des Sittengesetzes (in Nazideutschland), jedes einzelne der Zehn Gebote behandeln" sollten. Das Buch, zu dem u. a. Franz Werfel, Bruno Frank, Jules Romains, André Maurois und Sigrid Undset Beiträge lieferten, erschien 1943 unter dem angegebenen Titel mit dem Untertitel „Ten short Novels of Hitler's War against the Moral Code" in New York. Die erste dieser „Kurzgeschichten" war Thomas Manns Erzählung, die statt des gedachten Einleitungsessays entstanden war. In der englischen Fassung hatte sie den Titel: „Thou shalt have no other gods before me"; „Das Gesetz" wurde sie erst in der ersten deutschen Ausgabe (Stockholm, 1944) betitelt. — Die Idee des Buches war „moralisch-

polemisch", und sie wurde noch durch ein Vorwort profiliert, das Hermann Rauschning zum Verfasser hat, der zuerst zum Kreis um Hitler gehörte, aber schon 1934 sich lossagte und im Ausland viel beachtete aufklärende Bücher über das Wesen des Nationalsozialismus schrieb, von denen vor allem „Die Revolution des Nihilismus" (Zürich, 1938) berühmt wurde. In diesem Vorwort gibt er eine „Unterhaltung mit Hitler" wieder, an der er bei einer Einladung in die Reichskanzlei mehr oder weniger als Zuhörer teilgenommen hatte: Goebbels war der Gesprächspartner. Hitler und Goebbels wetterten gegen die Zehn Gebote, das „teuflische Du sollst, Du sollst nicht", gegen „diesen Fluch vom Sinai", diese „Perversion unserer gesundesten Instinkte". Übel dröhnten Nietzsches Lehren aus Hitlers Mund: „Der Tag wird kommen, wo ich gegen diese Gesetze eine neue Gesetzestafel aufrichten werde. Die Geschichte wird unsere Bewegung als die große Schlacht für die Befreiung der Menschheit vom Fluche des Berges Sinai erkennen. . . Wir kämpfen gegen den masochistischen Geist der Selbstquälerei, den Fluch der sogenannten Moral, die zum Idol gemacht ist, um die Schwachen vor den Starken zu schützen. Gegen die Zehn Gebote, gegen die kämpfen wir." (Den vollständigen Wortlaut findet der Leser in der Dokumentation.)

Thomas Manns Erzählung „Das Gesetz" war ein Politikum bei ihrer Entstehung; und in den Radioreden „Deutsche Hörer" die er vom Oktober 1940 bis zum Mai 1945 von Amerika sendete, konnte er denen, die damals die Sendungen zu hören Gelegenheit und Mut hatten, von dem Buche erzählen, ihnen die letzten Worte Mose's vom „ABC des Menschenbenehmens" zurufen, die alten Tafeln vom Sinai wieder vor den deutschen Hörern aufrichten." [109]

Im „Gesetz" ist die moralische Lage des Menschen unter dem Nationalsozialismus im Sinnbild der Situation der Kinder Israel zwischen götzenhafter Macht (Baals-Dienst) und dem göttlichen Sittengesetz angedeutet. Das Hauptgewicht von Thomas Manns pädagogisch-politischem Anliegen ruht auf der Schilderung der „Erziehungs-Diktatur", des Verhältnisses von Führer und Geführten nach der politischen Befreiung vom Joch der Ägypter. Die Lehre, die der Autor dem Leser übermittelt, ist folgende: S o entsteht ein Volk! So entsteht ein sittlicher Ordnungsstaat als Gegenteil eines dämonisierten. Das göttliche Sittengesetz ist notwendig, damit aus Sippen, die in einem Grab der Freiheit, im Zeichen stumpfsinniger Knechtschaft leben, ein dem Prinzip des Geistes und der Menschenliebe verbundenes Volk entstehen könne, das nicht irgendeinem hybriden Führer, einem „Volksgott", sondern einem unsichtbaren Gott sittlicher Natur unterworfen ist.[110] Es muß von einem Sittengesetz geprägt sein, das für alle Menschen der Erde gleichmäßig gilt. Herauswachsend aus einem dumpfen Wissen um eine nur blutsmäßige Zusammengehörigkeit, kann es so zu einem Volk werden, das sich darin einig weiß, den Nächsten wie sich selbst und andere Völker (wie das jüdische, das polnische) wie das eigene

---

109) Käte Hamburger, Thomas Manns Mose-Erzählung: „Das Gesetz" . . ., S. 93 f.

110) Vgl. Hans-Jochen Gamm, S. 162: „Der Schöpfergott wurde vom Thron gestoßen und der Mensch Adolf Hitler setzte sich an seine Stelle. So kam es (. . .) zu Gebeten nicht nur *für* den Führer, sondern auch *an* ihn."

zu achten. Die Regression dagegen auf ein nur „völkisch“-blutsmäßiges Bewußtsein bedeutet, den Prozeß der Entstehung eines sittlichen Volkes rückgängig machen. So sagt denn etwa Moses gegen die Überheblichkeit: „Du warst ein geschundener Knecht in Ägyptenland — gedenke dessen bei deinem Gehaben gegen die, die fremd sind unter dir, die Kinder Amaleks zum Beispiel, die dir Gott in die Hände gab, und schinde sie nicht! Sieh sie an wie dich selbst und gib ihnen gleiches Recht, oder ich will dreinfahren, denn sie stehen in Jahwes Schutz. Mache überhaupt nicht einen so dummdreisten Unterschied zwischen dir und den anderen, daß du denkst, du allein bist wirklich und auf dich kommt's an, der andere aber ist nur Schein. Ihr habt das Leben gemeinsam, und es ist nur ein Zufall, daß du nicht er bist. Darum liebe nicht dich allein, sondern liebe ihn gleicherweise und tue mit ihm, wie du wünschen würdest, daß er mit dir täte, wenn er du wäre!“ (S. 860).
In der indirekt auf die Gegenwart bezogenen didaktischen Lehre, die man der Erzählung entnehmen kann, steckt auch die Fragestellung, wie den Menschen, den Völkern unter der Hitler-Diktatur, wenn sie ihr eines Tages entronnen sein werden, geholfen werden könne, soweit ihnen geholfen werden muß. Ein wesentlicher Punkt des Mann'schen Angriffs auf den Nationalsozialismus ist z. B. der, daß der Dichter auf die Notwendigkeit der Gründung eines Rechtsstaates hinweist. Gehört doch zu den Kennzeichen des nationalsozialistischen Regimes die Umwandlung des Rechtsstaates in einen Unrechtsstaat, wenngleich dies verschleiert werden sollte.[111] Die Folgen des nationalsozialistischen Vorgehens gegen die Rechtsstaatlichkeit wieder aufzuheben, ist, wie Thomas Mann in den Kapiteln 13 und 14 dem Leser indirekt bedeutet, ein unabweisbares Gebot. Thomas Mann schildert in diesen Kapiteln, wie Moses die ersten Fundamente eines Rechtsstaates legt und auch bereits Rechtsinstanzen einsetzt (Kapitel 14). „Schändung des Rechts“ [112] und „mit Legalität umkleideter Bestialismus [113], wie ihn Thomas Mann dem Nationalsozialismus vorwirft, bedeutet im Sinn der biblischen Erzählung Schändung der „heiligen Unsichtbarkeit“ des Rechts (S. 850); Recht muß „heilig erfließen“ (S. 849), es ist „ein wichtiges Beispiel für die Implikationen der Unsichtbarkeit Gottes“. (S. 853).
Der Zeitbezug der Erzählung erhellt auch aus ihrem großem Schlußhinweis, der als polemisch beabsichtigt gewesen ist. „Um was es mir ging in der Novelle“, schreibt Thomas Mann in einem Brief, „war die menschliche Gesittung, als deren Grundgesetz ich die „Zehn Worte“ vom Sinai hinstelle. Der Fluch am Ende gegen ihre frechen Verneiner und Zerstörer sollte Beweis genug sein, daß es mir ernst damit war (...)“.[114] Wenn Moses zuletzt, im Bewußtsein des Unterschiedes zwischen der beinah normalmenschlichen Unzulänglichkeit gegenüber den Zehn Geboten und dem prinzipiellen Sittengesetz-Gegner, sagt: „Ich weiß wohl, und Gott weiß

111) Vgl. „Justiz im Dritten Reich.“

112) Thomas Mann, Altes und Neues, S. 653.

113) Thomas Mann, Reden und Aufsätze 2, S. 213.

114) Thomas Mann, Altes und Neues, S. 750 (Brief vom 1. 9. 45).

es im Voraus, daß seine Gebote nicht werden gehalten werden. (...). Aber Fluch dem Menschen, der (...) da spricht: „Sie gelten nicht mehr." ", — so gibt es dazu sinngemäß entsprechende Stellen in den Aufsätzen und Reden Thomas Manns, z. B.: „Es ist ein Unterschied, ob die Zehn Gebote nicht gehalten werden, wie es ja überall auf der Welt der Fall ist, oder ob man sie für aufgehoben erklärt. (...). Was vor allem wiederherzustellen ist, das sind die von einer falschen Revolution mit Füßen getretenen Gebote des Christentums, und aus ihnen muß das Grundgesetz für das künftige Zusammenleben der Völker abgeleitet werden, vor dem alle sich werden beugen müssen." [115]

115) Thomas Mann, Reden und Aufsätze 2, S. 622, 633. („Schicksal und Aufgabe", 1944.)

Zweiter Teil: Zur Form

Einleitung

Im ersten Teil der Arbeit wurde Thomas Manns wachsende moralisch-politische Sensibilisierung aus der verschiedenen gehaltlichen Behandlung des gleichen Themas in den Erzählungen „Gladius Dei", „Beim Propheten", „Mario und der Zauberer" und „Das Gesetz" erschlossen.

Im zweiten Teil der Arbeit wird nun der Versuch unternommen, die Entwicklung von Thomas Manns moralisch-politischer Haltung aus der unterschiedlichen formalen Auffassung des gleichen Themas in den oben genannten Erzählungen abzuleiten. „Form" ist hier in ihrer Bedeutung als künstlerischer Abguß der unmittelbar-allgemeinen Haltung eines Autors zu seinem Thema genommen, einer Haltung, aus der die Bewertung des Problems entspringt. Aufgabe der folgenden Analyse ist es, zu zeigen, wie in den vier Erzählungen ein wachsendes Bemühen Thomas Manns sich abzeichnet, dem „bloßen" Kunstwerk etwas von seines Autors unmittelbar humanitärem Anliegen beizumischen. Es soll nachgewiesen werden, daß im ästhetischen Anliegen zunehmend der Hinweis auf das grundsätzliche moralische Wollen Thomas Manns gesehen werden kann und soll — über die konkreten inhaltlichen Einzelheiten hinaus, die im ersten Teil behandelt wurden. Thomas Manns moralisch-politische Haltung, soweit sie sich dem Betrachter der Gestaltzüge umrißhaft erschließt, steht dabei durchaus im Einklang mit entsprechenden außerfiktiven Bemühungen: die gesellschaftlich-politische Bedeutung, die Thomas Mann durch Reden, Bekenntnisse und Taten für seine Zeit gewann, bedarf gewiß keiner besonderen Hervorhebung.

Was den methodischen Ansatz des zweiten Teils dieser Arbeit betrifft, so ist keine formale Gesamt-Analyse beabsichtigt. Vielmehr untersuchen wir die vier Erzählungen unter solchen Gesichtspunkten, die im formalen Bereich das moralisch-politische Verhältnis Thomas Manns zur Zeit am ehesten erkennen lassen. Das will sagen, wir erörtern die vier Werke im Hinblick auf die Erzählhaltung und die Gattung. Wir gehen grundsätzlich davon aus, daß die Intensität eines moralisch-politischen Wirkungswillens dann verstärkt wird, wenn der Verfasser den Gehalt seines Werkes mehr betont als die Form, und fragen deshalb nach dem Verhältnis der gehaltlichen und formalen Schwerpunkt-Verteilung. In den beiden Extrem-Fällen des literarischen Kunstwerks kann der Leser entweder den Gehalt in der Form aufgelöst finden und den Eindruck haben, der Gehalt sei nur dazu da, um die Form zu ermöglichen, oder zum Zeugen einer Art Zerreißprobe zwischen dem ästhetischen Anliegen und der Realität werden, dann nämlich, wenn sich nicht mehr unterscheiden läßt, ob die moralische Erregung oder Empörung eines Autors „lebensecht" und damit außerfiktiv, außerästhetisch ist, oder ob es sich doch noch um ein künstlerisches, freilich künstlerisch unauffälliges Abbild jener gefühlsmäßig-moralischen Reaktion handelt. Je stärker der Druck einer lebensunmittelbaren Erschütterung die Wirkung eines künstlerischen Abbildes mitzubestimmen scheint, desto eindringlicher wird der Leser vom Willen des Autors berührt. Er fühlt sich unmittelbar vom Werk und seiner Aussage angesprochen.

1. Kapitel: „Gladius Dei"

A) Die Erzählhaltung

In der Zeit, da „Gladius Dei" entstand (1901), waren für Thomas Mann, wie er in den „Betrachtungen eines Unpolitischen" schreibt, alle Dinge „abstrakter, geistiger, ferner, „nur" „interessant" " gewesen, sie hätten nicht auf den Nägeln gebrannt. Im Grunde hätte es vor der Zeit des Weltkrieges keine Aktualität gegeben.[1]

Etwas von dieser Einstellung spiegelt sich in der Erzählhaltung jener frühen Novelle. Sie ist bestimmt durch Ironie, durch eine moquant sich distanzierende Hinneigung zu dem religiösen Eiferer.

Die formale Kontaktnahme zum Leser ist wenig persönlich. Einmal fehlt eine Ich-Person. Zum anderen wird der Leser kaum einmal angeredet: nur der erste Teil bringt einige unverbindliche, neutral vermittelnde Anredeformen, zum Beispiel: „Blick um dich, sieh in die Fenster der Buchläden!" (S. 199). Es scheint, als ob der Autor seine Erzählhaltung zum Stoff dem Leser als entsprechend ähnlich gestimmte Rezeptions-Haltung unaufdringlich nahelegen wolle.

Thomas Mann mischt sich in die objektiv-ironische Darstellung der Auseinandersetzung zwischen polaren Kräften nicht durch subjektives Kommentieren oder Moralisieren ein. Dieser Umstand schließt freilich nicht aus, daß Ansätze moralischen Wertens eingearbeitet sind, nur eben nicht im direkt didaktischen, sondern im plastisch-objektivierten Sinn. Das Thema ist Thomas Mann, so kunstvoll er es auch zu durchgeistigen und zu distanzieren vermag (vgl. S. 29 ff. u.), nicht „nur interessant" gewesen. Im ersten Teil dieser Arbeit wurde schon auf den ernstzunehmenden und ernst empfundenen kulturpessimistischen Ansatz hingewiesen (vgl. S. 9 f. o.).

---

1) Thomas Mann, Betrachtungen eines Unpolitischen, S. 514.

Davon, daß Thomas Mann sich noch nicht gehalten fühlt, in einem moralischen oder gar moral-politischen Sinn unmittelbar Stellung zu nehmen und Partei zu ergreifen, zeugt die objektive Ironie, die seine Erzählhaltung prägt und die mit der Ironie eines Heinrich Heine nichts gemein hat: denn diese ist bekanntlich sehr subjektiv gefärbt, durch sie wird Stellung genommen, der falsche Schein oder Anspruch irgendeiner Situation, Meinung oder Person entlarvt und lächerlich gemacht. Die für Thomas Mann typische Ironie hingegen ist eine „Ironie nach beiden Seiten hin, etwas Mittleres, ein Weder-Noch und Sowohl-Alsauch".[2] An anderer Stelle faßt der Dichter sie sogar als den Sinn der Kunst selbst, als eine Allbejahung, die eben als solche auch Allverneinung sei.[3] So gibt es in „Gladius Dei" Augenblicke, da sich Thomas Mann mit seiner Ironie gegen Hieronymus zu wenden scheint, etwa bei dessen Begegnung mit den beiden kleinen Mädchen mit „den zu großen Füßen und den unbedenklichen Sitten" (S. 201), wie es karikaturistisch-leitmotivisch heißt, aber schon kurz darauf geht von dem Helden der Novelle, der inzwischen eine Kirche betreten hat, eine gewisse düstere Hoheit aus (S. 201). Das heißt, Thomas Mann schildert Hieronymus so, wie dieser je nach dem Fortgang der Handlung, je nach der äußeren und geistigen Umgebung, in die er gerät, auf einen objektiv gestimmten Beobachter wirkt. Ein anderes Beispiel: Die Gesinnung der Stadt erscheint zwar hier und da fragwürdig, etwa wenn sie sich im Gespräch der beiden Kunst-Studenten, das Hieronymus belauscht, als verantwortungsloser Unernst zu erkennen gibt (S. 203 f.), auf der anderen Seite aber bietet sie sich dem Leser auch als etwas Festliches, Schönes und Liebenswürdiges dar, wie in der eindrucksvollen Schilderung Münchens im ersten Teil.

Indessen liegen gerade hier die Dinge komplizierter, als es auf den ersten Blick scheinen mag. Der Erzähleingang wirkt nämlich nur für sich betrachtet objektiv-sachlich und nicht ironisch. Nur dem S c h e i n nach, im M a n t e l objektiver Sachlichkeit identifiziert sich Thomas Mann mit dem Zustand der kunstbegeisterten, schönheitstrunkenen Stadt. Der ironische Vorbehalt, mit dem hier geschildert worden ist, geht dem Leser auf, sobald ihm Hieronymus vor Augen geführt wird, der ein wandelnder Beweis dafür ist, daß der Wert einer solchen Haltung etwas Fragwürdiges hat. Der Jüngling selber aber wird wiederum aus der Sicht der unbedenklichen Mädchen, Blüthenzweigs, der Verkäuferin, des Gehilfen ironisiert.

Der Begriff „Ironisieren" ist in unserem Fall so zu verstehen, daß die M ö g l i c h k e i t einer Ironisierung, die Ironisierbarkeit eines Gegenstandes dem Leser anheimgestellt wird. Das Geschehen sagt sich gewissermaßen selbst aus, und moralisierende Gelüste des Lebens haben insofern einen bestimmten Spielraum. Der Leser kann im Sinn der Erzählhaltung des Autors moralisch unentschieden werten und gerade dies als moralisch gerechtfertigt erachten, es ist aber auch möglich, daß jemand in der ästhe-

2) A.a.O., S. 83.

3) Altes und Neues, S. 391 f.; über die Ironie bei Thomas Mann vgl. u. a. Golo Mann („Mein Vater Thomas Mann"), S. 16 ff., Beda Allemann, S. 137 ff., Reinhard Baumgart.

tischen Wirkung auf sich kein Genüge findet und eine moralische Verurteilung der Stadt nicht vermeiden kann, ebenso, wie umgekehrt ein Leser Hieronymus als einen unsympathischen Fanatiker ablehnen mag, der nur aus Eifersucht die Kreise des Lebens störe.

Die Thomas Mann'sche Ironie erstreckt sich in „Gladius Dei" nicht nur auf die möglichst objektiv zu erfassende Wirklichkeit des Münchens der Jahrhundertwende, sondern relativiert auch diese gegenwartsgebundene Wirklichkeit: Hieronymus erscheint als eine Art wiedergekommener Savonarola.[4] Thomas Mann läßt seinen Helden aus einem anderen Jahrhundert, der Renaissance, in die Gegenwart herüberschreiten. Dies wird durch den Vergleich des Jünglings mit dem Savonarola-Bild, der die beiden Männer als identisch erscheinen läßt, auf eine surrealistisch indirekte Weise angedeutet. (S. 201). Savonarola verläßt das Porträt und läßt seine „rostig" klingende Stimme (S. 211) gegen die Menschen einer Zeit ertönen, die ihm keine Chance mehr gibt.

Der volle Name Savonarolas wird freilich nirgends genannt. Den Vornamen, der an Savonarola denken läßt, gibt der Autor dem jungen Mann erst und unmittelbar, nachdem jener Vergleich angestellt worden ist. Vom Äußeren abgesehen, ist die wesentliche Parallele zu Savonarola die, daß Hieronymus als Sittenprediger auftritt und die Verbrennung der „Eitelkeiten der Welt" fordert: „1496 wurde auf sein Geheiß (gemeint: Savonarolas) der große Scheiterhaufen der Eitelkeiten errichtet, auf dem Würfel, Kosmetika, Schmucksachen, Juwelen, falsches Haar und lockere Literatur in Flammen aufgingen."[5] Auch von der Vision eines göttlichen Strafgerichts und den Worten: „Gladius Dei super terram ... Cito et velociter" (S. 215) ist überliefert, daß sie von Savonarola stammen.[6]

Darin nun, daß Thomas Mann das Geschehen zwar gegenüber der Möglichkeit einer mythischen Wiederkehr der Vergangenheit ironisch entgrenzt, nicht aber gegenüber der gegenwärtigen sozialpolitischen Problematik (vgl. S. 14 o.), zeigt sich eine Tendenz, den Stoff zu entaktualisieren — das Geschehen gerät in ein mythisch-märchenhaftes Zwielicht, der Leser wird von der geschilderten Zeit abgelenkt.

Indessen, Hieronymus ist eben doch auch wiederum ein Mensch der Gegenwart mit einem bestimmten zeitbezogenen Anliegen. Gerade als solcher aber wird er von den Menschen der Stadt nicht ernst genommen, und zwar auf eine Weise, in der Thomas Manns ironisch-mythische Auffassung verzerrt wiederkehrt. Hieronymus wird z. B., nachdem er aus dem Geschäft auf die Straße gestoßen worden ist, von den oberflächlichen Leuten verlacht. Die Novelle erweckt den Eindruck, Hieronymus werde von ihnen mit jemandem verwechselt, der ein äußeres oder seelisches Savonarola-Kostüm trägt, etwa mit einem Sektierer oder einem Verrückten. Das wird zwar nirgends ausdrücklich gesagt, die Vermutung ist aber nicht abwegig, weil die Schilderung Münchens als einer „Wiederkehr" des Renaissance-

---

4) Vgl. Johannes Klein, Geschichte der deutschen Novelle, S. 451.

5) S. Harrison Thomson, Das Zeitalter der Renaissance, S. 324.

6) Th. C. van Stokkum, S. 326.

Florenz nur indirekt geschieht. Hieronymus wird beispielsweise nicht ein einziges Mal als Mönch bezeichnet, obwohl dieser Gedanke sich doch sehr schnell aufdrängt: da keine ausdrückliche Bestätigung erfolgt, wird die Aufmerksamkeit des Lesers nicht auf irgendeinen beliebigen Mönch des Jetzt und Hier der erzählten Zeit gelenkt, sondern bleibt in einer ahnenden Unruhe gehalten, als ob es mit dem Jüngling im schwarzen Kapuzenmantel eine besondere Bewandtnis habe, über die sich der auktoriale Erzähler, der doch immerhin über des Hieronymus Tun und Wandel im Bilde ist, sich nicht näher auslassen wolle, wie um sein ästhetisches Vergnügen an dieser Gestalt und damit sie selbst nicht zu zerstören oder zu mindern. Hieronymus gehört zu denjenigen Personen der Novelle, die mit Werken der Bildenden Kunst in Beziehung gesetzt werden. Jene zu Beginn erwähnten reichen und schönen Frauen, berühmt als Malermodelle, sind durch eine „edle Pikanterie“ (S. 199) ausgezeichnet, welche auch Abbildungen florentinischer Quattrocento-Frauen in den Schaufenstern eignet. (S. 198). Ferner ist das Modell zu der Madonna in einem prototypischen Sinn mit jener Frau identisch, die zusammen mit ihrem Geliebten, einem großen Maler, die Ludwigstraße hinauffährt.

Das Lachen der Passanten über den Jüngling kann nun einfach seiner grotesken Erscheinung gelten, aber auch, bei jenen nämlich, die sich der Anklänge des Münchener Lebens an das im Renaissance-Florenz bewußt sind, etwas mit einem erstaunten Wiedererkennen zu tun haben. Den gebildeten Bürgern und Touristen Münchens ist ja, wenn nicht die Ähnlichkeit der abgebildeten Quattrocento-Frauen mit den weiblichen Idolen der Künstlerwelt, so doch zumindest der Anblick anderer Malermodelle, etwa jener zu Beginn erwähnten pittoresken Greise, Kinder und Frauen in der Tracht der Albaner Berge, vertraut; zur Zeit von des Hieronymus geschildertem Auftreten gehen sie das Schauspiel „Mandragola“ von Macchiavelli besuchen; überhaupt sehen sie das Leben im Licht der Kunst, der Kostüme, der Verkleidung, der wie gemalten, geschriebenen oder gespielten Wirklichkeit: und aus dieser gedankenlosen, illusionären Einstellung heraus sehen sie nun offenbar in dem Mann, der Savonarola bis aufs Haar gleicht, nur eine ästhetisch interessante, nicht aber individuell bemerkenswerte Persönlichkeit.

Die auf ihn gerichteten Blicke sind neugierig und lachend — sie sind nicht menschlich teilnahmsvoll.

Thomas Manns objektive Ironie in „Gladius Dei“ bedeutet, daß er sich nirgendwo dem Leser direkt mitteilt: Dadurch und durch den naheliegenden Gedanken einer diesbezüglichen Absicht muß der Leser zu der Ansicht gelangen, der Dichter halte, aus welchen Gründen auch immer, persönliches Hervortreten zum Zweck unmittelbarer moralischer Beeinflussung für nicht notwendig. Es entsteht der Eindruck, als wäre die Problematik des Stoffes in der Form — in der Kunst ironischer Brechungen, dem wie mühelosen Gelingen der Sätze usw. — aufgegangen und damit gewissermaßen schon gelöst. Ohnehin wird ja der geformte moralistische Ernst und die geläuterte Leidenschaftlichkeit von Thomas Manns Frühwerk leicht übersehen. So können Fehlurteile entstehen wie das folgende:

„Es sind geschliffene, etwas müde erzählte Geschichten (gemeint: Thomas Manns Novellensammlung „Der kleine Herr Friedemann"), alle mit einem Unterton von Ironie, der überhaupt Manns Schaffen durchklingt. (. . .). Es ist schwer zu sagen, was dieser Kunst im Grunde die Wärme nimmt, was dieser Gruppe talentvoller Dichter (ich rechne etwa Kurt Martens und Heinrich Mann auch dazu) die letzten Wirkungen nimmt. Vielleicht kann man's so ausdrücken, daß sie alle ein wenig mit dem Gefühl verirrter Zuschauer außerhalb des Lebens stehen, das ihnen mehr ein interessantes Bild als ein harter Zwang ist: und so werden auch wir mit ihren oft so wunderlichen, oft scheinbar wahllos hingeschriebenen Büchern nie recht warm. Solche Schriftsteller gehen nie aus der Tiefe des Volkes hervor, sondern gewöhnlich aus adligem oder patrizischem Geschlecht. Man findet verwandte Züge auch bei E. v. Keyserling." [7]

Dem Mißverständnis, von einer kühlen, ironischen Darstellungsweise auf ein Fehlen der menschlichen Wärme zu schließen, suchte Thomas Mann in dem Aufsatz „Bilse und ich" (1906) zu begegnen. Darin faßt er die „ „feindselige" " „Kühle und Schärfe des bezeichnenden Ausdrucks", den „dichterischen Kritizismus" als typisch für eine vom „Erkenntnis-Lyriker" Friedrich Nietzsche geschaffene „Schule von Geistern" auf, zu der er sich selber rechnet.[8] Ebenfalls auch an sich selbst denkt er, wenn er, in demselben Aufsatz, von diesem Künstlertyp sagt:

„Es gibt einen Grad (der) Schmerzfähigkeit, der jedes Erleben zu einem Erleiden macht. Die einzige Waffe aber, die der Reizbarkeit des Künstlers gegeben ist, um damit auf die Erscheinungen und Erlebnisse zu reagieren, sich ihrer damit zu erwehren, ist der Ausdruck, ist die Bezeichnung, und diese Reaktion des Ausdrucks, die (. . .) eine sublime Rache des Künstlers an seinem Erlebnis ist, wird desto heftiger sein, je feiner die Reizbarkeit ist, auf welche die Wahrnehmung traf. Dies ist der Ursprung jener kalten und unerbittlichen Genauigkeit der Bezeichnung (. . .). Nichts unkünstlerischer als der Irrtum, daß Kälte und Leidenschaft einander ausschlössen! Nichts mißverständiger, als von der kritischen Prägnanz des Ausdrucks auf eine Bosheit und Feindseligkeit im menschlichen Sinne zu schließen!" [9]

Eine solche Auffassung des Schriftstellers steht im Einklang mit Äußerungen Tonio Krögers in seiner Unterhaltung mit Lisaweta Iwanowna. (S. 292 ff.).

Von der unerbittlich genauen und kritisch prägnanten Kraft des Ausdrucks und dem objektiv-ironischen Verhältnis zum geistig bewältigten Stoff soll im Folgenden durch die Analyse eines Text-Beispiels aus „Gladius Dei" ein diese Untersuchung der Erzählhaltung abschließendes Bild vermittelt werden:

„Es schritt ein Jüngling die Schellingstraße hinan; er schritt, umklingelt von den Radfahrern, in der Mitte des Holzpflasters der breiten Fassade der Ludwigskirche entgegen. Sah man ihn an, so war es, als ob ein

7) Heinrich Spiero, S. 264.

8) Altes und Neues, S. 27.

9) A.a.O., S. 29.

Schatten über die Sonne ginge oder über das Gemüt eine Erinnerung an schwere Stunden. Liebte er die Sonne nicht, die die schöne Stadt in Festglanz tauchte? Warum hielt er in sich gekehrt und abgewandt die Augen zu Boden gerichtet, indes er wandelte?

Er trug keinen Hut, woran bei der Kostümfreiheit der leichtgemuten Stadt keine Seele Anstoß nahm, sondern hatte statt dessen die Kapuze seines weiten schwarzen Mantels über den Kopf gezogen, die seine niedrige, eckig vorspringende Stirn beschattete, seine Ohren bedeckte und seine hageren Wangen umrahmte. Welcher Gewissengram, welche Skrupel und welche Mißhandlungen seiner selbst hatten diese Wangen so auszuhöhlen vermocht? Ist es nicht schauerlich, an solchem Sonnentage den Kummer in den Wangenhöhlen eines Menschen wohnen zu sehen? Seine dunklen Brauen verdickten sich stark an der schmalen Wurzel seiner Nase, die groß und gehöckert aus dem Gesichte hervorsprang, und seine Lippen waren stark und wulstig. Wenn er seine ziemlich nahe beieinanderliegenden braunen Augen erhob, bildeten sich Querfalten auf seiner kantigen Stirn. Er blickte mit einem Ausdruck von Wissen, Begrenztheit und Leiden. Im Profil gesehen, glich dieses Gesicht genau einem alten Bildnis von Möncheshand, aufbewahrt zu Florenz in einer engen und harten Klosterzelle, aus welcher einstmals ein furchtbarer und niederschmetternder Protest gegen das Leben und seinen Triumph erging. . . .

Hieronymus schritt die Schellingstraße hinan, schritt langsam und fest, indes er seinen weiten Mantel von innen mit beiden Händen zusammenhielt. Zwei kleine Mädchen, zwei dieser hübschen, untersetzten Wesen mit den Haarbandeaus, den zu großen Füßen und den unbedenklichen Sitten, die Arm in Arm und abenteuerlustig an ihm vorüberschlenderten, stießen sich an und lachten, legten sich vornüber und gerieten ins Laufen vor Lachen über seine Kapuze und sein Gesicht. Aber er achtete dessen nicht. Gesenkten Hauptes und ohne nach rechts oder links zu blicken, überschritt er die Ludwigstraße und stieg die Stufen der Kirche hinan.

Die großen Flügel der Mitteltür standen weit geöffnet. In der geweihten Dämmerung, kühl, dumpfig und mit Opferrauch geschwängert, war irgendwo fern ein schwaches, rötliches Glühen bemerkbar. Ein altes Weib mit blutigen Augen erhob sich von einer Betbank und schleppte sich an Krücken zwischen den Säulen hindurch. Sonst war die Kirche leer.

Hieronymus benetzte sich Stirn und Brust am Becken, beugte das Knie vor dem Hochaltar und blieb dann im Mittelschiffe stehen. War es nicht, als sei seine Gestalt gewachsen, hier drinnen? Aufrecht und unbeweglich, mit frei erhobenem Haupte stand er da, seine große, gehöckerte Nase schien mit einem herrischen Ausdruck über den starken Lippen hervorzuspringen, und seine Augen waren nicht mehr zu Boden gerichtet, sondern blickten kühn und geradewegs ins Weite, zu dem Kruzifix auf dem Hochaltar hinüber. So verharrte er reglos eine Weile; dann beugte er zurücktretend aufs neue das Knie und verließ die Kirche.

Er schritt die Ludwigsstraße hinauf, langsam und fest, gesenkten Hauptes, inmitten des breiten, ungepflasterten Fahrdammes, entgegen der gewaltigen Loggia mit ihren Statuen. Aber auf dem Odeonsplatz angelangt, blickte er auf, so daß sich Querfalten auf seiner kantigen Stirn bildeten, und hemmte seine Schritte: aufmerksam gemacht durch die

> Menschenansammlung vor den Auslagen der großen Kunsthandlung, des weitläufigen Schönheitsgeschäftes von M. Blüthenzweig.
>
> Die Leute gingen von Fenster zu Fenster, zeigten sich die ausgestellten Schätze und tauschten ihre Meinugen aus, indes einer über des andern Schulter blickte. Hieronymus mischte sich unter sie und begann auch seinerseits, alle diese Dinge zu betrachten, alles in Augenschein zu nehmen, Stück für Stück." (S. 200 ff.).

Der erste Satz unseres Textes führt Hieronymus ein und eröffnet die Handlung. Er hat einem wuchtigen, feierlichen, ernsten Rhythmus. Er klingt anders als die zierlichen elegant dahingeplauderten Sätze des Erzähleingangs. (Vgl. z. B.: „Lässigkeit und hastloses Schlendern in all den langen Straßenzügen des Nordens... Man ist von Erwerbsgier nicht gerade gehetzt und verzehrt dortselbst, sondern lebt angenehmen Zwecken. Junge Künstler, runde Hütchen auf den Hinterköpfen, mit lockeren Krawatten und ohne Stock, unbesorgte Gesellen, die ihren Mietzins mit Farbenskizzen bezahlen, gehen spazieren, um diesen hellblauen Vormittag auf ihre Stimmung wirken zu lassen (...)." (S. 197 f.) Usw.). Der heitere und helle Schauplatz der Handlung wird plötzlich von einer fast überlebensgroßen Gestalt beherrscht, gegen welche die zu Beginn andeutungsweise erwähnten Jünglinge und Mädchen verblassen. Ungewöhnlich genug, steht am Ende des ersten Satzes das unprosaische „hinan". Wie ein Echo wiederholt sich das hallende Verb „schritt" im folgenden Satz, der den ersten aufnimmt und weiterführt.

Durch ihre Formulierung, ihren Tonfall lassen uns die Sätze bereits erkennen, daß es mit dem Jüngling eine außerordentliche Bewandtnis haben muß — daß er im Straßengewühl auffällt, so daß ihm der Blick des Beobachters staunend und vielleicht auch ein wenig spöttisch folgt. Der Leser ist gepackt, er ist aufmerksam und neugierig geworden. Er will Näheres wissen und erfährt es, doch auf eine Weise, daß seine Neugier wach bleibt, denn es schließen sich ein „Es war, als ob"-Satz und zwei Fragesätze an. Sie haben etwas Vages und Unbestimmtes und entsprechen in etwa den unbeweisbaren Vermutungen und unbeantwortbaren Fragen, die ein geheimnisvoller Mensch erweckt, wenn man ihn zum erstenmal sieht.

Am Anfang des ersten, dritten und sechsten Abschnitts wird das Schreiten des Jünglings erwähnt. Vor dem Verb „schritt" steht als Satzsubjekt das erstemal „ein Jüngling", das zweitemal das intimere „Hieronymus" und das drittemal dann einfach „er". Das bedeutet wohl, daß der Autor den Leser in bestimmter Absicht durch drei Einsätze, die jeweils durch das Stichwort „schritt" gekennzeichnet sind, mit dem Jüngling bekannt macht. Zunächst schildert er den allgemeinen Eindruck, den „ein Jüngling" macht. Inzwischen ist nun dieser beliebige Jüngling in der Vorstellung des Lesers zu einer bestimmten Persönlichkeit geworden, Zeit also, daß sein Name in die Novelle eingeführt wird; Gelegenheit aber auch, sein Wesen noch schärfer zu fassen — dies geschieht dadurch, daß seine Beziehung zur Welt gegen seine Beziehung zur Kirche abgegrenzt wird, und zwar im dritten und fünften Abschnitt. Damit aber sind die Voraussetzungen geklärt, die den Konflikt des jungen Mannes mit der Welt oder der Weltlich-

keit herbeiführen. Deshalb beginnt Thomas Mann jetzt mit der Schilderung des eigentlichen Zusammenstoßes, während welcher er des Hieronymus' Charakter sich immer stärker entfalten läßt.
Fünfmal wiederholt der Autor das Präteritum „schritt" und gibt dabei dreimal die Richtung an, in der dies Schreiten sich vollzieht. Die monotone und ein wenig zeremonielle Bewegung, die dadurch in den Fluß der Sprache kommt, soll vielleicht ironisch-pathetisch das Schicksalhafte oder Gottgewollte betonen, das Hieronymus nur einen bestimmten Weg übrigläßt, denn es ergeht ja, wie im dritten Teil der Novelle gesagt wird, und zwar ebenfalls unter Verwendung der Form „schreiten", ein „Befehl und Ruf aus der Höhe an (ihn), einzuschreiten und seine Stimme zu erheben gegen leichtherzige Ruchlosigkeit und frechen Schönheitsdünkel". (S. 204 f.).

Thomas Mann zeichnet im zweiten Abschnitt ein Bild des Jünglings, nachdem er unsere Neugier geschürt hat und wir uns fragen, wie ein Mensch, der eine derartige stimmungsverdüsternde Wirkung hervorrufen kann, denn wohl aussehen möge. Er schildert zunächst also den allgemeinen Eindruck, den der Jüngling macht, und darauf sein Äußeres. Er paßt sich damit jener Gesetzmäßigkeit an, der zufolge man Einzelheiten eines Gesichts oder eines Gegenstandes erst beim zweiten oder dritten Zusehen gewahrt. Er gewinnt durch diese Anpassung an einen organischen, natürlichen Verlauf ein Kunstmittel. Während er jedoch zunächst den Jüngling mit den Augen irgendeines vorüberschlendernden Passanten zu sehen scheint, den Erstaunten, Erschrockenen oder Unwissenden spielt, bringt er im letzten Satz dieses Abschnitts eine Wendung vor, durch die er sich vorsichtig-indirekt als den Künstler, den überlegenen Gestalter zu erkennen gibt, der über dem Stoff steht, ihn beherrscht und nach einer bestimmten Idee auszuformen plant. Gemeint ist der Satz: „Im Profil gesehen, glich dieses Gesicht genau einem alten Bildnis von Möncheshand, aufbewahrt zu Florenz in einer engen und harten Klosterzelle, aus welcher einstmals ein furchtbarer und niederschmetternder Protest gegen das Leben und seinen Triumph erging..." (S. 200). Freilich scheint sich dem Autor dieser Vergleich aus der empirischen Sehweise, nämlich aufgrund der Entdeckung einer gewissen verblüffenden Ähnlichkeit, durchaus zwanglos ergeben zu haben. Die symbolische Bedeutung des jungen Mannes als eines Vertreters des geistlich-geistigen Prinzips klingt somit keineswegs in Disharmonie mit dem objektiv-realistischen Erzählstil an. Und in ähnlich „unwillkürlicher" Weise wird überhaupt gezeigt, wie die Geist-Leben-Problematik hier im Gegensatz zu anderen frühen Erzählungen Thomas Manns eine neue Bewertung erfährt, insofern nämlich Skepsis gegenüber der Omnipotenz des „Lebens" (vgl. S. 15 f. o.) in Erscheinung tritt.
Hand in Hand mit dem Symbolischen geht in diesem Satz das Psychologische. Dieses aber soll nun in einem anderen Zusammenhang herausgestellt werden.
Die Prosa Thomas Manns verrät einen Dichter, dessen Wort den Gegenstand der Aussage unfehlbar erreicht. Das setzt Distanz vom Gegenstand voraus, eine Entfernung, aus der man ihn in seiner wahren Größe, seinem

wahren Verhältnis zur Umwelt erkennt. Enthaltsamkeit in Gefühlen, zumindest im Zeigen von Gefühlen spricht denn auch aus jeder Zeile unseres Textes. Der einzige Satz, der einer direkten Gefühlsäußerung gleichkommt, die Frage: „Ist es nicht schauerlich, an solchem Sonnentage den Kummer in den Wangenhöhlen eines Menschen wohnen zu sehen?“ läßt den Leser keineswegs erschaudern, denn sie ist ironisch gemeint, sie stellt diesem anheim, sich über das grotesk-einsame Dahinschreiten des Jünglings seine eigenen Gedanken zu machen.
Thomas Mann erklärte 1926 in der Rede „Lübeck als geistige Lebensform“ seinen Stil mit der Wiederverwirklichung seines heimatlichen Dialektes im Dichterischen:

> „Der Stil eines Schriftstellers ist letzten Endes und bei genauem Hinhorchen die Sublimierung des Dialektes seiner Väter. Wenn man den meinen als kühl, unpathetisch, verhalten charakterisiert hat, wenn man lobend oder tadelnd geurteilt hat, ihm fehle die große Geste, die Leidenschaft, und er sei, im Großen, Ganzen wie in der Einzelheit, das Instrument eines eher langsamen, spöttischen und gewissenhaften als genialisch stürmenden Geistes — nun, so mache ich mir kein Hehl daraus, daß es niederdeutsch-hanseatische, daß es lübeckische Sprachlandschaft ist, die man so kennzeichnet, und ich gestehe, daß ich mich literarisch immer am wohlsten gefühlt habe, wenn ich einen Dialog führen konnte, dessen heimlichster Silbenfall durch einen Unterton von humoristischem P l a t t bestimmt war.“ [10]

Das Moment spöttisch-gewissenhaften Beobachtens prägt in der Tat sehr stark die Erzählhaltung Thomas Manns, was „Gladius Dei“ und andere frühe Werke betrifft. Freilich erscheint „(...) nicht selten (...) die naturalistische Bestandsaufnahme der Außenwelt zu einer im gleichen Sekundenstil arbeitenden der Innenwelt vertieft“.[11]
Dies sei am zweiten Abschnitt unseres Textes untersucht: die Tatsache, daß der Jüngling keinen Hut trug, erlaubt nur die Reflexion: woran bei der Kostümfreiheit der leichtgemuten Stadt keine Seele Anstoß nahm. Es liegt nahe, daß seine hageren und ausgehöhlten Wangen auf Gewissensgram, Skrupel und Mißhandlungen seiner selbst zurückzuführen sind, doch läßt sich Näheres darüber aus der naturalistischen Beobachtung nicht genau herleiten; so läßt es Mann bei einer diesbezüglichen Frage bewenden. Dagegen nähert sich die zweite Frage schon einer Aussage, denn sie erwartet eine bejahende Antwort. Weitere äußere Merkmale werden angeführt, nämlich Form und Farbe der Augenbrauen, Form der Nase und der Lippen, doch offensichtlich lassen sie keine zuverlässigen Rückschlüsse auf irgendwelche seelischen Kräfte zu. Aber der Blick der nahe beieinanderliegenden braunen Augen drückt etwas Bestimmtes aus: Wissen, Begrenztheit und Leiden. Der letzte Satz ist der bedeutsamste der ersten beiden Abschnitte, denn er gibt die Antwort auf die vorher gestellten Fragen. Insofern ist er ein Höhepunkt, denn bislang bewegte sich die Schilderung lediglich zwischen Fragen, die vorsichtig in das Innere des

10) Altes und Neues, S. 305.
11) Fricke/Klotz, S. 357.

jungen Mannes hineinleuchteten, und der Anführung äußerer Merkmale. Das Rätselhafte seiner Erscheinung vermindert sich: warum ist es, als ginge ein Schatten über die Sonne, wenn man ihn ansieht? Warum scheint er die Sonne nicht zu lieben? Warum blickt er zu Boden? Welche Skrupel wühlen in ihm? Woher der Kummer, der in seinen Wangen wohnt? Darauf gibt es e i n e Antwort: weil er dem Leben und seinem Triumph unmutsvoll, protestierend gegenübersteht.

B) Die Gattung

Die „Silhouette" der Novelle „Gladius Dei" grenzt eine äußere, durchaus kollektiv-charakteristische und eine innere, vom nicht bloß individuellen Gewissen bestimmte Welt ab. Wie der Vertreter des sozialen Gewissens, Hieronymus, versucht, etwas gegen den „Schönheitsdünkel" des Münchens der Jahrhundertwende zu unternehmen und dabei selber ins Zwielicht gerät, wurde im ersten Teil der Arbeit behandelt. (Vgl. S. 12 ff. o.). Worum es hier geht, ist, auf die Leitmotive und die Art ihrer Verflechtung hinzuweisen. Es gibt keine entscheidende Stelle der Handlung ohne ein Leitmotiv als „Blickfang" oder besser: „Aufmerksamkeitsfang." Die Leitmotive sind von durchdringender symbolischer Feinheit, der Gehalt des Werkes leuchtet in ihnen auf. Nirgendwo bringt sich dem Leser, der die Novelle schon einmal gelesen hat, nicht irgendeines der Leitmotive zumindest in Erinnerung. In „Gladius Dei" haben wir es mit einer zum Formalen gewordenen Erscheinung des Novellistischen zu tun, und in ihrer formalen Motiv-Bestimmtheit erscheint die Novelle dem Gedicht-Typ verwandt. Es ist nicht möglich, sich des Gehalts der Novelle bewußt zu werden, ohne sich der leitmotivisch-kontrapunktischen Form bewußt zu werden, in der sich das novellistische Ereignis entfaltet. Über dies Verhältnis der gehaltlichen und formalen Schwerpunkt-Verteilung soll nun im Einzelnen gehandelt werden.

Thomas Mann ordnet in „Gladius Dei" die Handlung und den Gehalt einem größeren Ganzen unter, nämlich der Form. In dem Aufsatz „Zu Lessings Gedächtnis" äußert er sich zu diesem Begriff wie folgt: „ „Dieser Stil", sagt er (gemeint: Lessing), „spielt mit der Materie oft umso mutwilliger, je mehr ich erst durch kaltes Nachdenken derselben mächtig zu werden versucht habe." — Was ist es, dies Spiel mit der bewältigten Materie unter Kapriolen und Equivocen? Was ist das, den Stoff durch die Form verzehren? Es ist Künstlertum." [12]

Merkmal des Spiels mit der Materie ist die Komposition. „Die Musik hat von jeher stark stilbildend in meine Arbeit hineingewirkt. Dichter sind meistens „eigentlich" etwas anderes, sie sind versetzte Graphiker oder Bildhauer oder Architekten oder was weiß ich. Was mich betrifft, muß ich mich zu den Musikern unter den Dichtern rechnen. Der Roman war mir

12) Altes und Neues, S. 162 f.

immer eine Symphonie, ein Werk der Kontrapunktik, ein Themengewebe, worin die Ideen die Rolle musikalischer Motive spielen.“ [13]

In diesem Sinn spielt der „musikalische“ Aufbau auch in „Gladius Dei“ seine wichtige Rolle. Die Handlung tritt vor ihm zurück und scheint manchmal nur deshalb da zu sein, um ihn zu ermöglichen. Die Komposition durchdringt das Geschehen, hebt es hinauf zum Kunstwerk, vergeistigt es, macht es durchscheinend, oder, mit einem anderen Wort, symbolisch. Die Handlung wird symbolisch für die leitmotivisch vorgebrachten Ideen, welche die Novelle zusammenhalten, sie zu einem festen, sinn- und beziehungsvollen Ganzen machen.[14]

„Man hat wohl gelegentlich“, sagt Thomas Mann, „(...) auf den Einfluß hingewiesen, den die Kunst Richard Wagners auf meine Produktion ausgeübt hat. Ich verleugne diesen Einfluß gewiß nicht, und besonders folgte ich Wagner in der Benützung des Leitmotivs, das ich in die Erzählung übertrug, und zwar nicht, wie es noch bei Tolstoi und Zola, auch noch in meinem eigenen Jugendroman „Buddenbrooks“ der Fall ist, auf eine bloß naturalistisch-charakterisierende, sozusagen mechanische Weise, sondern in der symbolischen Art der Musik.“ [15]

Nehmen wir aus „Gladius Dei“ ein Beispiel für die Symbolik eines solchen, dem musikalischen Leitmotiv verwandten, ideellen Leitmotivs: Die Gesichtszüge und das Mienenspiel von Hieronymus werden mehrmals geschildert. Dabei verdichtet sich, zumal durch den Hinweis auf Savonarola in Form eines Vergleichs (S. 201), die ideelle Bedeutung „geistiges Märtyrertum“ oder „„Savonarola“ als Kontrastfigur zu sinnenfrohem Leben“ derart stark, daß der Leser sie sich sofort, wenn er eine solche Stelle liest, hinzuassoziiert.

Er kann die realistische und doch auch wieder absichtsvoll bedeutsame Schilderung nur noch, wie in der Musik die leitmotivische Tonfolge und ihre Bedeutung, als eins empfinden. Die übrige Handlungswirklichkeit, welche jene Ideen nahelegt, erscheint mit dem Leitmotiv verbunden, wie der Körper mit Herz und Hirn verbunden ist. Es handelt sich um ein — in Anlehnung an Thomas Mann gesprochen (vgl. obiges Zitat) — symbolisch-musikalisches Leitmotiv, eine bedeutungsdichte Formel für „musikalische“ Beziehungen, für den tieferen Sinn scheinbar zufälliger Handlungseinzelheiten. Die beiden wesentlichen Leitmotive — charakteristische Züge des Madonnenbildes sowie des Hieronymus — erinnern den Leser besonders stark an die Vordergründigkeit der äußeren Handlung und weisen ihn eindringlich auf das Wesen, die Bedeutung der äußeren Erscheinung hin. Wenn sie anklingen, wird der Hintergrund beleuchtet, auf den die vordergründige Handlung sich bezieht, wird auf musiktechnische

---

13) Thomas Mann, Einführung in den Zauberberg, S. XII.

14) Die Leitmotiv-Technik im Werk Thomas Manns bis hin zum „Zauberberg“ untersucht Ronald Peacock; über naturalistische und symbolische Leitmotiv-Technik besonders im „Zauberberg“ vgl. Hermann J. Weigand, The Magic Mountain, S. 89 ff.; die Entwicklung der Mann'schen Leitmotiv-Technik seit dem „Zauberberg“ behandelt Anthony Riley, S. 5 ff.

15) Thomas Mann, Einführung in den „Zauberberg“, S. XIII.

Weise der geistige Kern des Ganzen enthüllt, für den das Geschehen symbolisch ist. Amoralität und geistiges Märtyrertum sind als die bestimmenden Ideen der Novelle dem Leser unentwegt gegenwärtig, wobei je nach dem Stand der Handlung die eine oder die andere sich mehr der Vorstellung aufdrängt. Indem die Leitmotive den Gang des Geschehens begleiten, empfindet es der Leser und besonders der, der die Geschichte ein zweites oder weiteres Mal liest, als Ausdruck jenes zeitlosen Konfliktverhältnisses. Sie setzen die Wichtigkeit des einmaligen historischen Ereignis-Ablaufs herab und betonen seinen symbolischen und typischen Charakter, indem sie ihn als Auswirkung einer Gesetzhaftigkeit erweisen, die, wie sie zum Beispiel schon einmal im Florenz der Renaissance ähnliche Geschehnisse hervorbrachte, sich auch künftighin verwirklichen kann. Das naturalistisch charakterisierende Leitmotiv ist in „Gladius Dei" an die gleichen Sätze wie das symbolische gebunden.[16] So, wie von den symbolisch-musikalischen Leitmotiven eine vergeistigende und transzendierende Wirkung auf die Novelle ausgeht, so üben die naturalistisch charakterisierenden Leitmotive eine konkretisierende Funktion aus und bezeichnen den realistischen, an Zeit und Ort gebundenen Charakter des Ereignisses. So sind zum Beispiel die mitgeteilten äußeren Merkmale des Hieronymus diejenigen, die an Savonarola erinnern; allein wegen ihres symbolischen Erinnerungswertes werden sie aufgeführt. Der rein naturalistischen Wirkung des äußerlich charakterisierenden Leitmotivs ist damit sozusagen die Spitze abgebrochen. Bestimmte malerisch auffällige Kennzeichen des Jünglings, wie die starken wulstigen Lippen, die schwarzen, sich an der Nasenwurzel stark verdickenden Augenbrauen, oder die Querfalten auf seiner kantigen Stirn, werden als für ihn charakteristisch konstituiert, indem sie mehrmals, ähnlich formuliert und bei verschiedenen Gelegenheiten, geschildert werden. Mit Hilfe dieser „naturalistisch charakterisierenden" Leitmotiv-Technik läßt der Autor im Leser eine nichts weniger als phantastische Vorstellung von dem jungen Mann entstehen. Namentlich durch den vergleichenden Hinweis auf das Bildnis Savonarolas ist des Hieronymus Ähnlichkeit mit ihm unverkennbar gemacht. Das symbolisch-musikalische Leitmotiv kann so seine Wirkung entfalten. Der Leser findet sich ahnungsweise, gefühlsmäßig, eben gewissermaßen musikalisch [17], an den Renaissance-Bußprediger erinnert.

„Sehr oft mit der musikalischen Untermalung verbunden, stellt sich der Kontrast ein (...). Ein großer Zug dieser Kontrapunktik zieht sich durch die ganze Novellistik (gemeint: Thomas Manns): Festlichkeit und Einsamkeit (...). Am klarsten gebaut ist dieser Gegensatz in „Gladius Dei". München, das Fest und darin der Schatten des Hieronymus." [18]

---

16) Ronald Peacock, S. 24, nimmt für „Gladius Dei" „einige wenig bedeutende charakterisierende Leitmotive" an. Er übersieht die musikalisch-symbolischen Leitmotive, die von Johannes Klein, Geschichte der deutschen Novelle, S. 6, mit Recht neben die Leitmotive aus „Tristan" und „Tonio Kröger" gestellt worden sind.

17) Vgl. Ronald Peacock, S. 7.

18) Martin Kessel, S. 297 f.

Das Bild des leuchtenden Münchens im ersten Teil ist ganz im Hinblick auf seine Kontrastfunktion gemalt. Wir finden auf ihm nur solche Menschen und Dinge versammelt, die in die strahlende Atmosphäre passen; die ganze Szenerie hat etwas Arrangiertes.

Dann betritt die Kontrast-Figur Hieronymus den Plan. Das Madonnenbild, auf das zunächst, ohne es als solches zu charakterisieren, nur wie aus der Ferne in einem beiläufigen, „schlendernden" Tonfall als auf eine von Menschen umlagerte modische Sensation aufmerksam gemacht worden ist, wird nunmehr durch die Augen des „sentimentalischen", am Leben leidenden Hieronymus in seiner eigentlichen, wahrhaften Bedeutung erkannt, während die „naiven" Gaffer lediglich ihre eigene Mentalität darin gespiegelt sehen, so daß der Autor uns nicht aus ihrem Blickwinkel damit bekannt machen möchte. Nur die Gesinnung des Hieronymus und nicht die ihre bildet den Kontrast, vor dem die Bedeutung des Bildes in ihrer ganzen Tiefe sichtbar wird.

Die ausgestellten Schätze des Blüthenzweig'schen Schönheitsgeschäftes werden zunächst moralisch unverbindlich geschildert:

> „Welch freudige Pracht der Auslage! Reproduktionen von Meisterwerken aus allen Galerien der Erde, eingefaßt in kostbare, raffiniert getönte und ornamentierte Rahmen in einem Geschmack von preziöser Einfachheit; Abbildungen moderner Gemälde, sinnenfroher Phantasien, in denen die Antike auf eine humorvolle und realistische Weise wiedergeboren zu sein scheint; die Plastik der Renaissance in vollendeten Abgüssen; nackte Bronzeleiber und zerbrechliche Ziergläser; irdene Vasen von steilem Stil, die aus Bädern von Metalldämpfen in einem schillernden Farbenmantel hervorgegangen sind; Prachtbände, Triumphe der neuen Ausstattungskunst, Werke modischer Lyriker, gehüllt in einen dekorativen und vornehmen Prunk; dazwischen die Porträts von Künstlern, Musikern, Philosophen, Schauspielern, Dichtern, der Volksneugier nach Persönlichem ausgehängt. . ." (S. 198 f.).

Teile dieser reihenden Schilderung tauchen neugeordnet im zweiten Teil der Novelle wieder auf, aber diesmal kritisch gefärbt. Hieronymus' Reaktion auf den Anblick jener Dinge wird mit ihrer Schönheit kontrastiert:

> „Er sah die Nachbildungen von Meisterwerken aus allen Gallerien der Erde, die kostbaren Rahmen in ihrer simplen Bizarrerie, die Renaissanceplastik, die Bronzeleiber und Ziergläser, die schillernden Vasen, den Buchschmuck und die Porträts der Künstler, Musiker, Philosophen, Schauspieler, Dichter, sah alles an und wandte an jeden Gegenstand einen Augenblick. Indem er seinen Mantel von innen mit beiden Händen fest zusammenhielt, drehte er seinen von der Kapuze bedeckten Kopf in kleinen, kurzen Wendungen von einer Sache zur nächsten, und unter seinen dunklen, an der Nasenwurzel stark sich verdichtenden Brauen, die er emporzog, blickten seine Augen mit einem befremdeten, stumpfen und kühl erstaunten Ausdruck auf jedes Ding eine Weile." (S. 202).

Auf das, was er hier zum erstenmal gesehen hat, kommt Hieronymus in seinen verdammenden Worten zurück. Nicht nur das Madonnenbild soll verbrannt werden. . .:

„„Verbrennen Sie auch diese Statuetten und Büsten, deren Anblick in Sünde stürzt, verbrennen Sie diese Vasen und Zierrate, diese schamlosen Wiedergeburten des Heidentums, diese üppig ausgestatteten Liebesverse! Verbrennen Sie alles, was ihr Laden birgt (. . .).“ “ (S. 213).

Zum letztenmal spielen diese Kunstwerke und Kunstgegenstände eine Rolle, als Hieronymus sie in seiner Vision auf einem Scheiterhaufen verbrennen sieht. Das Madonnenbild ist, ohne ausdrücklich erwähnt zu sein, selbstredend dabei mitgemeint. Leuchtende Schönheit ist mit feuriger Vernichtung kontrastiert:

„Er sah auf der Mosaikfläche vor der großen Loggia die Eitelkeiten der Welt, die Maskenkostüme der Künstlerfeste, die Zierrate, Vasen, Schmuckstücke und Stilgegenstände, die nackten Statuen und Frauenbüsten, die malerischen Wiedergeburten des Heidentums, die Porträts der berühmten Schönheiten von Meisterhand, die üppig ausgestatteten Liebesverse und Propagandaschriften der Kunst pyramidenartig aufgetürmt und unter dem Jubelschrei des durch seine furchtbaren Worte geknechteten Volkes in prasselnde Flammen aufgehen.“ (S. 214).

Aus den zitierten Stellen ergibt sich eindeutig ein Bewertungswechsel vom ästhetischen zum moralischen Urteil. Das Leitmotiv für „Leben“, „Welt“, „Schönheit“ — nämlich jene Gemälde, Plastiken usw. — ist, was seine ideelle Bedeutung anbelangt, zunächst einmal aus einer mittleren, unverbindlichen Perspektive gesehen. Es ist als solches bei seinem ersten Erscheinen kaum kenntlich. Dann aber kehrt es, kontrastiert mit der „asketischen“ Bedeutung der leitmotivisch hervorgehobenen Züge des Hieronymus, als ein sich wandelnder, immer empörter gefühlter Gedanke des jungen Mannes wieder.
Das Leitmotiv „Madonnenbildnis“ wird bei seiner ersten Erwähnung nicht inhaltlich charakterisiert. Als Leitmotiv erscheint das Gemälde nur dem schon eingeweihten Leser, als Motiv „aufsehenerregendes Gemälde“ begreift es dagegen derjenige, der die Novelle zum erstenmal liest. Es heißt nur:

„In dem ersten Fenster, der anstoßenden Buchhandlung zunächst, steht auf einer Staffelei ein großes Bild, vor dem die Menge sich staut: eine wertvolle, in rotbraunem Tone ausgeführte Photographie in breitem, altgoldenem Rahmen, ein aufsehenerregendes Stück, eine Nachbildung des Clous der großen internationalen Ausstellung des Jahres (. . .).“ (S. 199).

Der Hinweis auf den Sensationswert des Bildes ist freilich dazu angetan, den Leser neugierig zu machen. Und er wird bei der Stelle, wo Hieronymus die Auslagen des „Schönheitsgeschäftes“ besichtigt, in der gleichen Reihenfolge wie beim erstenmal, nämlich nach Aufführung einiger anderer Nach- und Abbildungen von Gemälden, Plastiken usw., zu jenem aufsehenerregenden Werk geführt und bekommt es aus der Nähe gezeigt.
Die leitmotivische Bedeutung des Gemäldes offenbart sich, denn gleiche Bezeichnungen werden verwandt. Beim erstenmal hieß es:

„In dem ersten Fenster (. . .) steht auf einer Staffelei ein *großes* Bild, vor dem die Menge sich staut: eine wertvolle, in *rotbraunem* Tone aus-

> geführte Photographie in breitem, *altgoldenem* Rahmen, ein *aufsehenerregendes* Stück (. . .)." (S. 199).

Nun aber blickt Hieronymus auf das Bild:

> „(Er) erreichte das erste Fenster, dasjenige, hinter dem das *aufsehenerregende* Bild sich befand, blickte eine Zeitlang den vor ihm sich drängenden Leuten über die Schulter und gelangte endlich nach vorn, dicht an die Auslage heran.
>
> Die *große, rötlichbraune* Photographie stand, mit äußerstem Geschmack in *Altgold* gerahmt, auf einer Staffelei inmitten des Fensterrahmens." (S. 202).

Danach wird der leere, vorher nur vage angedeutete Sinnraum des Leitmotivs ausgefüllt:

> „Es war eine Madonna, eine durchaus modern empfundene, von jeder Konvention freie Arbeit. Die Gestalt der heiligen Gebärerin war von berückender Weiblichkeit, entblößt und schön. Ihre großen, schwülen Augen waren dunkel umrändert, und ihre delikat und seltsam lächelnden Lippen standen halb geöffnet (. . .)." (S. 202).

Die Beschreibung des Gemäldes dient nicht nur der Entfaltung des Leitmotivs, sondern auch der Vertiefung des Kontrasts zwischen München bzw. Florenz — dem „Fest" — und Hieronymus bzw. Savonarola. Der Kontrast, den das Gemälde zu seinem asketischen Betrachter bildet, wird hergestellt. Nachdem Hieronymus sich das Gespräch der beiden Kunstfreunde angehört hat, heißt es:

> „(. . .) Hieronymus stand unbeweglich an seinem Platze; er stand mit vorgestrecktem Kopfe, und man sah, wie seine Hände, mit denen er auf der Brust seinen Mantel von innen zusammenhielt, sich krampfhaft ballten. Seine Brauen waren nicht mehr mit jenem kühl und ein wenig gehässig erstaunten Ausdruck emporgezogen, sie hatten sich gesenkt und verfinstert, seine Wangen, von der schwarzen Kapuze halb bedeckt, schienen tiefer ausgehöhlt als vordem, und seine dicken Lippen waren ganz bleich. Langsam neigte sein Kopf sich tiefer und tiefer, so daß er schließlich seine Augen ganz von unter herauf starr auf das Kunstwerk gerichtet hielt. Die Flügel seiner großen Nase bebten.
>
> In dieser Haltung verblieb er wohl eine Viertelstunde. Die Leute um ihn her lösten sich ab, er aber wich nicht vom Platze. Endlich drehte er sich langsam, langsam auf den Fußballen herum und ging fort." (S. 204).

Im Mienenspiel des Hieronymus spiegelt sich der Eindruck des Gemäldes auf ihn. Als er w e l t l i c h e Dinge durch die Kunst verherrlicht sah, beobachtete er trotz aufwallender Gehässigkeit eine kühle Ruhe. Was er aber jetzt sieht, muß ihm als ein Sich-Vergreifen, ein Frevel an einem hohen Wert der religiös-asketischen, s e i n e r Sphäre erscheinen. Die Kennzeichen der einander entgegengesetzten Lebensformen, der asketischen und weltlichen, treten schärfer hervor. Hieronymus verliert die Beherrschung, seine Hände ballen sich krampfhaft, seine Brauen haben sich verfinstert, seine Lippen sind bleich geworden. Er ist erschüttert, bestürzt: an der Wirkung, die der Anblick des Bildes in ihm auslöst, läßt sich der Grad der unbekümmerten Kraft des Lebens und die Tiefe des grübelnden Leidens des Asketen ermessen. Der Kontrast hat sich verstärkt. Nimmt man die Schilderung des Madonnenbildes hinzu, das Hieronymus so erschüttert, dann bedeutet die Beschreibung des Kontrasts zugleich die Entfaltung zweier Leitmotive, nämlich von Merkmalen des Gemäldes und des Hieronymus. Der Stoff, gleichsam ohne Eigengewicht, ist der Form unterjocht, die mit ihm spielt, und Erkenntnis des Gehalts ist nicht möglich, ohne sich auch ihrer bewußt zu werden.

Im dritten Teil, der unmittelbar an diese Szene anschließt, erscheint das Leitmotiv „Madonnenbild", nach seiner ersten sich verdeutlichenden Wiederkehr, auf der Stufe einer weiteren Wandlung. Wie im Handlungsteil jene mehr mit weltlichen Vorwürfen beschäftigten Gemälde, ist das Madonnenbild als seelisches Eigentum des Hieronymus dargestellt, und zwar als Versuchung. Glaubte er wohl zunächst noch, sich seiner Wirkung entziehen zu können, so muß er jetzt die Vergeblichkeit seines Bemühens einsehen. Der Kontrast zwischen weltlicher und asketischer Lebensform äußert sich als Kampf, als das Ringen geistiger und vitaler Kräfte miteinander in der Seele des Jünglings selbst. Das Leitmotiv verrät, daß das Madonnenbild schon bei seiner ersten inhaltlichen Schilderung von Hieronymus klar in seinem künstlerischen und sinnlichen Reiz erkannt worden ist. Keineswegs handelte es sich, wie man hatte denken können, um einen Eindruck aus der Perspektive des auktorialen Erzählers in der Rolle eines unbefangenen Kunstfreundes mit höchstens einem besorgten Nebengedanken an den finsteren Gesellen in der Betrachtergruppe, auch nicht um die des Asketen in dem Sinn, daß er sich die Wirkung des Gemäldes auf die Leute oder den Menschen allgemein vorzustellen suchte, sondern eben um den ganz unmittelbaren Eindruck des Hieronymus, gleichgültig, wieweit er sich mit dem der Leute oder des Erzählers decken mag. Das ergibt sich aus der leitmotivischen Rückdeutung auf die erste Wiederkehr des Leitmotivs; das gehaltliche Moment ist somit n u r von der Form her erschließbar. Folgende zwei Stellen verweisen aufeinander:

> „Aber das Bild der Madonna ging mit ihm. Immerdar, mochte er nun in seinem engen und harten Kämmerlein weilen oder in den kühlen Kirchen knieen, stand es vor seiner empörten Seele, mit *schwülen, umrändeten* Augen, mit *rätselhaft lächelnden* Lippen, *entblößt und schön.*" ((S. 204).

> „Die Gestalt der heiligen Gebärerin war von berückender Weiblichkeit, *entblößt und schön.* Ihre großen, *schwülen* Augen waren dunkel *umrändert,* und ihre delikat und *seltsam lächelnden* Lippen standen halb geöffnet." (S. 202).

Zusammenfassend darf von „Gladius Dei" gesagt werden, daß die Form, d. h., die Leitmotive und ihre Verflechtung, die Aufmerksamkeit des Lesers derart fesseln, daß er von der Dramatik und dem Gehalt der novellistischen Handlung nicht mehr unmittelbar berührt wird. Gerade die dramatischen Höhepunkte der Handlung, wie des Hieronymus erste Konfrontation mit dem Madonnenbild, seine „Berufung", seine Aufforderung, das

Bild und überhaupt das gesamte Kunstinventar des „Schönheitsgeschäftes" zu verbrennen, und sein Wunschtraum, die in Flammen aufgehenden „Eitelkeiten der Welt", sind durch Leitmotive und ihre Kontrastierung bestimmt. Die „Verzehrung des Stoffes durch die Form" aber, die Thomas Mann offenbar angestrebt hat, geschieht auf Kosten einer unmittelbar auf den Leser wirkenden moralischen Lehre.

2. *Kapitel:* „Beim Propheten"

A) Die Erzählhaltung

Im Unterschied zu „Gladius Dei" findet sich in Thomas Manns Skizze „Beim Propheten" die Andeutung eines Selbstporträts. Der autobiographische Bezug ist durch die Gestalt des Novellisten gegeben, der ein in bürgerlichen Kreisen gelesenes Buch geschrieben hat: gemeint sind offenbar die „Buddenbrooks". Außerdem sind für die „reiche Dame" und ihre Tochter Sonja Hedwig Pringsheim und ihre Tochter, Thomas Manns zukünftige Ehefrau, die Modelle gewesen.[19]

Typisch für die Erzählhaltung, welche der Beschreibung des Novellisten zugrundeliegt, ist der Tonfall der wägenden, sich messenden Abgrenzung gegenüber dem „steilen" Wesen des Propheten. Thomas Mann vergleicht sich mit dem ebenfalls in der geistigen Sphäre beheimateten Daniel und setzt sich innerlich von ihm ab. Er besitzt das diesem fehlende „gewisse Verhältnis zum Leben". (Vgl. S. 363, 368, 370). Die ungefähre Gleichaltrigkeit des Propheten und seines Jüngers mit ihm mochten den Wunsch nach Selbstbehauptung verstärken. Zwar ist das Alter des auf Freiersfüßen wandelnden Novellisten nicht angegeben und das des Propheten nur in Bezug auf sein Photo, aber das Alter der „Urbilder" verschafft Aufschluß: Thomas Mann stand damals im 29. Lebensjahr, Ludwig Derleth (der „Prophet") im 34. und Rudolf Blümel (der „Jünger") war in der Tat 28 Jahre alt.[20] (Vgl. S. 368: „Er war etwa achtundzwanzigjährig (. . .)."). Das Bild freilich, das sich der Novellist von dem Propheten aufgrund seines Photos macht, ist das eines „etwa dreißigjährigen jungen Mannes (. . .)". (S. 365).

Die Charakterisierung des Novellisten ist für uns in zweierlei Hinsicht aufschlußreich. Zunächst einmal lassen sich aus ihr wesentliche Merkmale der Erzählhaltung in Bezug auf den Stoff herleiten. Zum anderen ist sie wichtig für die Ermittlung des Verhältnisses des Lesers zu Autor und

19) Vgl. Thomas Mann, Briefe 1889—1936, S. 47, 53, Briefe vom 13. 6. 1904 und von Ende August 1904.

20) Vgl. Dominik Jost: Vita Ludwig Derleth, S. 276; Kürschners Deutscher Gelehrten-Kalender 1935.

Stoff, wie es im Sinn Thomas Manns liegt. Die betreffenden Stellen sind folgende:

> „Der Novellist (. . .) kannte niemanden. Er kam aus einer anderen Sphäre, war nur zufällig hierher geraten. Er hatte ein gewisses Verhältnis zum Leben, und ein Buch von ihm wurde in bürgerlichen Kreisen gelesen. Er war entschlossen, sich streng bescheiden, dankbar und im Ganzen wie ein Geduldeter zu benehmen." (S. 363).
>
> „(. . .) der Knabe (forderte) zum Ablegen auf, und als der Novellist aus allgemeiner Teilnahme eine Frage an ihn richtete, erwies es sich vollends, daß das Kind stumm war." (S. 363 f.).
>
> „Er (gemeint: der Novellist) trug Gehrock und Handschuhe, entschlossen, sich wie in der Kirche zu benehmen." (S. 364).
>
> „ „Wer wird sie verlesen?" (gemeint: die Proklamationen. Frage des Novellisten an die Schwester des Propheten.) fragte der Novellist gedämpft und ehrerbietig. Er war ein wohlmeinender und innerlich bescheidener Mensch, voller Ehrfurcht vor allen Erscheinungen der Welt, bereit zu lernen und zu würdigen, was zu würdigen war." (S. 364).
>
> „ „Dies ist alles erlebt", sagte Maria Josefa, indem sie die Wirkung der Einrichtung in dem respektvoll verschlossenen Gesicht des Novellisten zu erforschen suchte. Aber inzwischen waren weitere Gäste gekommen (. . .)." (S. 366).

Der Novellist ist wohlmeinend, höflich, dankbar, bescheiden. Er hält sich im Hintergrund. Er hat die Tugend des Gastes, er ist voll ehrerbietiger, dankbarer Bereitschaft, anzuerkennen und die gewährte Gastfreundschaft nicht durch voreingenommene Böswilligkeit zu vergelten. Aber er ist so gesehen auch Gast in einem höheren Sinn des Wortes. Seine Einstellung zur Welt wird deutlich. Vorweggenommen oder vorangedeutet sind in der Skizze Motive aus dem „Zauberberg": die „Adepten"-Höflichkeit Hans Castorps [21] und seine Stellung als „des Lebens treuherziges Sorgenkind". Der „Vertrag" (vgl. S. 362), den der Novellist mit dem Leben und nicht mit Wahnsinn, Tod und Nichts (vgl. S. 362) abgeschlossen hat, ist gewissermaßen die Rückendeckung, in deren Schutz er den Blick in ein künstlerisch und geistig extravagantes Milieu wagt.

Diese grundsätzliche Einstellung zum Leben offenbart sich in der Erzählhaltung als Wirklichkeits-Andacht, als ein Tonfall innig-genauen Studierens und Aufnehmens. Der Novellist führt sich die Eindrücke voll zum Bewußtsein und läßt sie möglichst ungetrübt auf sich wirken. Dem liegt die Bereitschaft zugrunde, zu würdigen, was zu würdigen ist. Thomas Manns liebenswürdige Manier, nicht gleich das Schlechteste von seinem Gastgeber anzunehmen, erinnert an Goethe und seine abwartende Konzilianz, die sich etwa in den Worten ausdrückt: „Ich halte mich ruhig, damit die Gegenstände keine erhöhte Seele finden, sondern die Seele erhöhen: Im letzten Falle ist man dem Irrtum weit weniger ausgesetzt als im ersten." [22]

---

21) Vgl. Thomas Mann: Einführung in den „Zauberberg".

22) Goethe, Römische Elegien. Venetianische Epigramme. Tagebuch der italienischen Reise. (Rowohlts Klassiker der Literatur und der Wissenschaft. Deutsche Literatur Bd. 8) Reinbeck b. Hamburg 1961. S. 134.

Die Goethe'sche Einstellung des Sich-Ruhig-Haltens und Abwartens bestimmt auch die Erzählhaltung von Thomas Manns Skizze „Beim Propheten“, und zwar in verhältnismäßig reiner Ausprägung bis hin zum Auftritt des Jüngers. Das Zusammentreffen der ersten Gäste, der Gang die Treppe des Mietshauses empor, der Empfang durch den stummen Knaben, das kleine Gespräch mit der Schwester des Propheten und die Wohnung werden in objektiver Kleinmalerei geschildert. Sie bedeutet freilich nicht Beschaulichkeit um ihrer selbst willen, denn sie läuft auf eine indirekte Charakterstudie des Propheten hinaus, verliert sich nicht in Einzelheiten und läßt allmählich eine Atmosphäre des Seltsamen erstehen, ohne daß diese Nicht-Geheuerlichkeit direkt angesprochen würde. Die Detail-Schilderung gewinnt für den Leser insofern an Gewichtigkeit, als sie das Wesen eines interessanten Menschen aufschließen hilft — die Charakterstudie wiederum gewinnt für ihn an Zuverlässigkeit, indem sie ihm gewissenhaft konkretisiert erscheint.

Das aufgeräumt höfliche Eingehen auf die Wirklichkeit drückt sich namentlich in der Kunst der Adjektivierung aus. Wie Martin Kessel hervorhebt, ist bei Thomas Mann das Adjektiv ausschlaggebend.[23] Das fällt besonders dann auf, wenn es sich, wie in unserem Fall, um eine Skizze handelt, eine literarische Gattung also, der die dramatische Handlung fehlt. (Vgl. S. 71 u.). So bedeutet die Präterialform „Sie stiegen“ im vierten Abschnitt der Skizze auch in ihrer dreimaligen Wiederholung nur eine zurückhaltende — „tupfende“ — Akzentuierung des Tuns der Gäste. Wichtiger sind die Begleitumstände des Steigens, besonders die Wahrnehmungen, die dabei gemacht werden. Das Geländer ist „gußeisern“, es herrscht das „trübe“ Licht „kleiner“ Petroleumlampen im „engen“ Treppenhaus, das wie ein „halbdunkler“ Schacht wirkt, doch von oben winkt ein „zarter und flüchtig bewegter Schein“. Es wird jeweils das nüchtern treffendste Adjektiv gewählt, und ebenso verhält es sich mit den Adverbien. „Still, ohne Verachtung, aber fremd“ geht es an den Wohnungen verschiedener Arbeitnehmer vorbei — die andere Seite dieser Einstellung ist die, daß man „zuversichtlich und ohne Aufenthalt“ emporsteigt, denn es winkt ein Schein aus letzter Höhe. Von der Zivilisation, signalisiert durch Begriffe wie „gußeisern“ und „Petroleumlampen“, scheint ein reines, leuchtendes Winken Erlösung zu verheißen... (Vgl. S. 23 f. o.).

In diesen Zusammenhang gehören auch die adverbial näher bestimmten Adjektive. All diese Adverbien komplettieren die Wiedergabe eines Eindrucks. Sie sind die ergänzenden Fein-Bestimmungen, kraft derer die Adjektiva erst richtig zu leben, zu atmen beginnen, wie ein Vergleich der Formulierung „zarter und flüchtig bewegter Schein“ mit einer Wendung „zarter und bewegter Schein“ zeigt. Man denke auch an Formulierungen wie: „verzweifelt thronendes Ich“ (S. 362), „feierlich schwankende und flimmernde Helligkeit“ (S. 364), „gewaltig hohe, bleich zurückspringende Stirn“ (S. 365) und „furchtbar gereiztes Ich“ (S. 368).

Bezeichnend für den Willen Thomas Manns, die Dinge soweit wie möglich neutral wohlwollend in sich aufzunehmen — das heißt also, ohne Vor-

23) Martin Kessel, S. 323.

urteile, ohne negativen oder positiven Gefühls-Überschwang — sind, was die Erzählhaltung betrifft, auch die nachgestellten Adjektive, die ebenfalls zur stilistischen Feinmalerei gehören.
Die Personen angehend, bedeuten sie ein zögernd genaues Austasten der Details über deren unmittelbar konkrete Bedeutung hinaus. Man vergleiche die nachgestellte Charakterisierung der Sphäre des Propheten: „Seltsame Orte gibt es, seltsame Gehirne, seltsame Regionen des Geistes, hoch und ärmlich" (S. 362) mit der Charakterisierung der zur Tür hereinkommenden reichen Dame: „(. . .) (sie) kam zur Tür herein, schön, duftend, luxuriös (. . .)." (S. 366). Der Leser fühlt sich gehalten, dem Gegensatz einer ungesicherten, ihrer selbst nicht sicheren und einer traditionsgebundenen, in sich selbst ruhenden Existenzform nachzusinnen. Im ersten Fall sind die Bezeichnungen „hoch und ärmlich" nur als möglicher, irritierter Ansatz des Begreifens einer „Geistesregion" zu werten, die sich exakter Kategorisierung vorläufig zu entziehen scheint — im zweiten Fall handelt es sich dagegen um ein lächelnd wiedererkennendes Skizzieren, das auf Einverständnis der Charakterisierten rechnen darf.
Daß Thomas Mann Kleinigkeiten nicht um ihrer selbst willen bezeichnet, beweist auch der Umstand, daß er die Angabe der Haarfarbe des Jüngers für den Zweitdruck der Skizze gestrichen hat. Beim erstenmal heißt es: „Sein geschorenes aschblondes Haar (. . .)", beim zweitenmal jedoch nur: „Sein geschorenes Haar (. . .)." Etwas gravierender scheint dagegen die Streichung eines charakteristischen Zuges eines der Gäste, des semitischen Lyrikers zu sein, von dem im Erstdruck gesagt wird, er sei „kurzsichtig aus seiner Höhe herniedergebeugt". Das Bild eines „langen, schwarzbärtigen und kurzsichtig aus seiner Höhe herniedergebeugten Semiten" läßt an Karl Wolfskehl denken[24], der mit Ludwig Derleth in dessen Münchener Zeit Umgang hatte.[25] Die übrigen Änderungen sind dagegen stilistischer, nicht inhaltlicher Art.[26]

---

24) Vgl. Photographien, z. B. in Robert Boehringer, S. 63 ff. (Tafeln), Beschreibungen, u. a. Viktor Mann, S. 147, Ludwig Curtius, abgedruckt in Franz Schonauer, S. 40 f.

25) Vgl. u. a. Lothar Helbing, S. 6 f.

26) Es handelt sich um folgende Fälle:

Erstdruck	Zweitdruck
„Aber dem Fenster gegenüber verengerte sich der Raum (. . .). In seiner Tiefe befand sich ein mit dünnem *und* blassem Stoffe bedeckter Diwan." (S. 41).	(. . .) ein mit dünnem blassen Stoffe bedeckter Diwan." (S. 365).
„Gegen halb 11 Uhr sah man, daß der Jünger das letzte Folioblatt in seiner roten und zitternden Rechten hielt. *Es* war zu Ende." (S. 42).	„(. . .) Er war zu Ende." S. 369).
„ „Ja, was ist das Genie (. . .). Bei diesem Daniel sind alle Vorbedingungen *dazu* vorhanden (. . .)." "	„ „(. . .). Bei diesem Daniel sind alle Vorbedingungen vorhanden." " (S. 370).

Außerdem begegnen noch Änderungen in der Rechtschreibung und Zeichensetzung; vgl. Anhang.

Die Schilderung des Intérieurs der Wohnung geht über ein Stilleben weit hinaus. Ein höflicher Gast, ist der Novellist doch nicht bereit, sich von irgendeinem grotesken Ansinnen, das sich in dem allen ausdrücken könnte, blenden zu lassen. Aus der Erzählhaltung wird schon bald deutlicher erkennbar, daß es mit der entgegenkommenden Art des Novellisten eine vorläufige Bewandtnis hat. Die höfliche Bejahung der Stimmung und des in ihr verborgenen Willens ist nur als bis auf weiteres, als bis auf möglichen inneren Widerspruch — sei er nun moralischer, gefühlsmäßiger, ästhetischer oder logischer Natur — wartend zu verstehen. Aus bestimmten Nuancierungen der Erzählhaltung ergibt sich, daß der Novellist bei aller Bereitschaft zum guten Willen skeptische und kritische Regungen allmählich nicht mehr unterdrücken kann. Gewisse Konjunktionen in jenem Abschnitt, der die — vom Propheten wohl beabsichtigte — schließliche Entdeckung der vergoldeten Gipssäule mit der blut-rot-seidenen Altardecke und den Proklamationen enthält (S. 365 f.), sind dafür bezeichnend. Die Konjunktionen „aber" („Aber dem Fenster gegenüber verengerte sich der Raum zu einem alkovenartigen Gelaß (. . .)"), „jedoch" („Im Vordergrunde des Alkovens jedoch erhob sich (. . .) auf einem flachen Podium eine vergoldete Gipssäule, deren Kapitäl von einer blut-rot-seidenen Altardecke überhangen wurde.") sowie „und" („Und darauf (gemeint: auf der Altardecke) ruhte ein Stapel beschriebenen Papiers in Folioformat: Daniels Proklamationen") leiten nicht nur steigernd zu einem Höhepunkt der Skizze über, sondern tragen in die Erzählhaltung einen Ausruf unüberraschten Erstaunens wie: „Aha! Hatte ich mir so etwas doch beinah schon gedacht!"

Diese neue kritische Nuance in der Erzählhaltung wird im folgenden Abschnitt vertieft. Der erwartungsvolle Blick der Schwester des Propheten, wie der Novellist wohl die Wohnungs-Atmosphäre aufgenommen habe, weist auf deren optisch-demagogische Absicht. Das Gesicht des Novellisten ist nicht ergriffen, sondern „respektvoll verschlossen". In seiner höflichen Absicht, Maria Josefa nicht durch irgendwelche skeptischen Worte zu kränken, benutzt der Novellist einen sich anbietenden Vorwand, um ihr eine Antwort schuldig zu bleiben: „Aber unterdessen waren neue Gäste gekommen (. . .)." Angedeutet ist in diesem „Aber" irgendeine Entschuldigungsgeste, etwa ein hinweisender, fragender Blick auf die Gäste, die neu hinzugekommen sind.

In der Schilderung des Auftritts des Jüngers und der Verlesung der Proklamationen (S. 368 f.) überlagert eine aus Betroffenheit, Angst und Abwehr gemischte Haltung diejenige des Zur-Kenntnis-Nehmens. Es ist die Haltung eines Menschen, der zwar nicht unmittelbar selbst angegriffen wird, sich aber aus allgemeinen Gründen der Menschlichkeit und Vernunft auf die Seite der Menschheit stellt, die von dem kommandierenden Führer-Ich bedroht wird. Hinzu kommt die Ablehnung der ruppig-unhöflichen Art des Auftretens des Jüngers und des wild eklektischen, unsoliden Charakters der Proklamationen. (Vgl.: „Es waren Predigten, Gleichnisse, Thesen, Gesetze, Visionen, Prophezeiungen und tagesbefehlsartige Aufrufe, die in einem Stilgemisch aus Psalter- und Offenbarungston mit militärisch-strategischen sowie philosophisch-kritischen Fachausdrücken in bunter und unabsehbarer Reihe einander folgten." (S. 368)). Was Thomas Mann abstößt, ist der Mangel an „Biederkeit, Werktreue, Echtheit", Eigenschaften, die er 1928 in einem Aufsatz über Dürer [27] den Vertretern der deutschen „Meisterlichkeit" auf künstlerischem Gebiet, wie Dürer, Goethe, Schopenhauer, zuspricht und denen er sich selbst verpflichtet fühlt: „An Dürer denken heißt (...) Besinnung auf Tiefstes und Überpersönlichstes (...). Denn viel weniger sind wir Individuen, als zu sein wir hoffen oder fürchten." [28] In einem früheren Aufsatz [29] rühmte Thomas Mann an Gottfried Keller: „Was wir Deutschen unter Meistertum verstehen, wobei Erinnerungen an unsere beste und nationalste Epoche, städtisch-mittelalterliche Erinnerungen und Empfindungen unfehlbar anklingen, hier finden wir es in seiner Frömmigkeit, Biederkeit und Genauigkeit." [30] Interessant ist nun, daß der in dem Novellisten und dem Propheten bzw. seinem Jünger vertretene Gegensatz der „meisterlichen" Biederkeit und der Unsolidität in einer ähnlichen, wenn auch direkteren Weise von Gottfried Keller angesprochen wird, und zwar im „Fähnlein der sieben Aufrechten", in den Worten der Handwerksmeister Hediger und Frymann an den jungen Karl Hediger:

> „Sohn! Eine schöne, aber gefährliche Gabe hast du verraten! (Gemeint: Beredsamkeit). Pflege sie, baue sie, mit Treue, mit Pflichtgefühl, mit Bescheidenheit! Nie leihe sie dem Unechten und Ungerechten, dem Eiteln und dem Nichtigen! Denn sie kann wie ein Schwert werden in deiner Hand, das sich gegen dich selbst kehrt oder gegen das Gute, wie gegen das Schlechte; sie kann auch eine bloße Narrenpritsche werden. Darum gradeaus gesehen, bescheiden, lernbegierig, aber fest, unentwegt!" [31]

Und Frymann sagt:

> „Wenn du sprichst, so sprich weder wie ein witziger Hausknecht, noch wie ein tragischer Schauspieler, sondern halte dein gutes natürliches Wesen rein und dann sprich immer aus diesem heraus. Ziere dich nicht, wirf dich nicht in Positur, blick, bevor du beginnst, nicht herum wie ein Feldmarschall oder gar die Versammlung belauernd!" [32]

Der Jünger in Thomas Manns Skizze blickt in der Tat herum wie ein Keller'scher Feldmarschall, bevor er beginnt: Er überfliegt das Gemach mit einem drohenden Blick. (S. 368). Seine Verlesung der Proklamationen erwecken in dem Novellisten die Vision eines einsamen und furchtbar gereizten Ichs, das singend, rasend und kommandierend die Welt bedroht. In der abwehrenden Charakterisierung der Proklamationen, des Jüngers und des einsamen Ichs begegnen affektgeladene Wendungen, wie sie in

---

27) „Dürer"; in: Altes und Neues, S. 715 ff.

28) A.a.O., S. 718.

29) A.a.O., S. 696 f.: „Ein Wort über Gottfried Keller" (1919).

30) A.a.O., S. 696.

31) Gottfried Keller, Werke Bd. 2, S. 858 f.

32) A.a.O., S. 859 f.

der Schilderung der Wohnung fehlen. Die wahnwitzigen und verbrecherischen Pläne des Propheten zu einer Eroberung und Plünderung, zu einer „Erlösung“ der Welt hätte Thomas Mann nur um den Preis des Verlusts seiner moralischen Selbstachtung in einer höflich-respektvollen, sich des Urteils enthaltender Weise zur Kenntnis nehmen und darstellen können. Seine Wiedergabe ist daher zugleich auch Deutung und Verwerfung. (Vgl. z. B.: „(er) wiederholte in grenzenlosem Aufruhr mit einer Art widernatürlicher Wollust immer wieder das Gebot unbedingten Gehorsams.“ (S. 368 f.)). Zugleich aber geht es um den Ausdruck eines undefinierbaren Unbehagens. Worte wie „unheimlich“, „seltsam“, „irr“, „gräßlich“ deuten in diese Richtung.

Die Art, wie Thomas Mann von Reaktionen des Novellisten während der Verlesung der Proklamationen spricht, von seiner vergeblichen Suche nach einer passenden Haltung für seinen schmerzenden Rücken und von seiner Vision einer Schinkensemmel, scheint auf überlegen ironisches Abwerten der Eindrücke zu gehen, während es sich in Wirklichkeit um den etwas gewaltsamen Versuch des Autors handelt, sich über Eindrücke lustig zu machen ,denen er auch bei schärfstem Blick für das objektiv Vorgängliche in Bezug auf die Deutung nicht ganz beikommen kann. Er ist sich dessen bewußt, wie der Satz: „Aber das ist eine vollständige improvisierte Hypothese“ beweist, mit dem der Novellist seine Deutung des Propheten einschränkt. (S. 370). Die schroffe, abschüttelnde Art, in welcher der Novellist unmittelbar darauf seinen Gedanken und Gefühlen eine andere Richtung gibt („ „Grüßen Sie Sonja“ “. S. 370)), zeugt von dem Wunsch, unbeantwortbare Fragen möglichst bald zu vergessen. —

In den angeführten Merkmalen der Einstellung Thomas Manns zu den Erscheinungen der Welt liegt auch der Hinweis auf die Haltung des Autors zum Leser. Indem die zugleich angewiderte und besorgte Abneigung, die dem Auftritt des Jüngers, den Proklamationen und dem einsamen Ich gilt, mit einer Grundeinstellung der vorurteilsfreien und wohlmeinenden Bescheidenheit in Beziehung gesetzt wird, ist dem Leser bedeutet, daß jene scharfe Reaktion von einem Menschen stammt, der mit dem besten Willen zum objektiven Anerkennen gekommen war. Thomas Mann beugt auf diese Weise Mißverständnissen, wie dem Vorwurf der Kälte und Menschenfeindlichkeit, vor (vgl. S. 52 ff. o.). Gegenüber „Gladius Dei“ unterbindet er distanzierende Wirkungen, die von der Erzählhaltung ausgehen können.

Er sieht sich freilich noch nicht gezwungen, den Schritt zu tun, den er in „Mario und der Zauberer“ nicht mehr vermeiden zu können glaubte: nämlich unmittelbar subjektiv zum Thema Führer und Geführte Stellung zu nehmen und mit dem Gewicht seiner Persönlichkeit für die moralisch-politische Verurteilung des faschistischen Führer-Typs einzutreten.

Aus dem oben Gesagten geht hervor, daß Thomas Mann mit seiner Skizze stärker, als dies in „Gladius Dei“ angestrebt schien, auf den Leser einwirken möchte. Jene achselzuckende oder abschüttelnde Bewegung, die in der Erzählhaltung zuletzt sichtbar wird, bedeutet auch, daß der Autor das von ihm behandelte Problem auf eine diskret indirekte Weise dem

Leser aufschultert: für den Fall nämlich, daß sich dieser irgendwann einmal bemüßigt fühlen könnte, die ihm an die Hand gegebene Deutungs-Hypothese des kommandierenden Führer-Ichs zu erproben, zu berichtigen oder zu verwerfen.

B) Die Gattung

In „Beim Propheten" wird eine Geschichte in Form einer Skizze erzählt. Das Erlebnis einer abendlichen Zusammenkunft, um das es geht, weist kein unvorhergesehenes Ereignis von der Art einer novellistisch-dramatischen Handlung auf — der Mangel an plastischer Handlung aber ist das wesentliche Unterscheidungsmerkmal der Skizze im Hinblick auf die anderen epischen Gattungen.[33]
Der Abend der Verlesung von Ludwig Derleths „Proklamationen" in dessen Wohnung bedeutete für Thomas Mann ein Erlebnis, das er in skizzenhafter Form angemessen gestalten zu können glaubte. Die Leser der „Neuen Freien Presse", in der die „Skizze von Thomas Mann" (vgl. Anhang) am 22. Mai 1904 zuerst erschien (vgl. S. 17 o.), fanden das Bild eines Mannes entworfen, der die Welt bedrohte und offenbar zur gegenwärtigen Zeitsituation, zur Situation von Autor und Leser gehörte. Die mehr andeutende, in der Ausführung zurückhaltende Form des Werkchens ließ an die Ergebnisse eines Vorstudiums der Materie denken, ohne daß Unklarheit darüber bestehen konnte, daß künstlerische Absicht vorlag und es sich nicht etwa um die hinterlassene Skizze zu irgendeiner größeren Arbeit handele. Der Autor gab dem Leser damit zu verstehen, daß er in dem geistigen Begriffsgut der Gegenwart nichts gefunden habe, das dem geschilderten Phänomen hätte gerecht werden können.
Thomas Manns Skizze ist für den heutigen Leser weit über die vom Autor intendierte Bedeutung hinausgewachsen (vgl. S. 25 ff. o.). und zwar auch, was den Spielraum eines möglichen Irrtums betrifft, den Thomas Mann eingeräumt hat. (Vgl. S. 70 ff. o.). Die bewußt unauffällige Skizzenform mußte die Aufmerksamkeit schon des zeitgenössischen Lesers stärker auf das Dargebotene als auf die Art der Darbietung lenken. Sie tut es vollends bei dem heutigen Leser, der nicht umhin kann, die Skizze im Licht seiner geschichtlichen Erfahrung zu sehen.

33) Vgl. Klaus Doderer, S. 72.

3. Kapitel: „Mario und der Zauberer"

A) Die Erzählhaltung

Die für einen Schriftsteller im Sinn Thomas Manns unentbehrliche kritische Distanz zu dem, was dargestellt werden soll (vgl. S. 52 f. o.), ist bei dem Ich-Erzähler in „Mario und der Zauberer" nicht ausgeprägt. Er schreibt im Gegenteil in genau der Stimmung, welche nach Tonio Kröger (vgl. S. 295) ein vollständiges künstlerisches Fiasko mit sich bringt: ihm liegt zuviel an dem, was er zu sagen hat. Er möchte es gerade deshalb sagen, weil ihm zuviel daran liegt. (Vgl. u. a.: „Ein Ende mit Schrecken, ein höchst fatales Ende. Und ein befreiendes Ende dennoch, — ich konnte und k a n n nicht umhin, es so zu empfinden!" (S. 711).) Er will sich in menschlich-vertrauensvollem Gesprächston davon befreien. (Vgl. u. a.: „Es wurde neun ein viertel, es wurde beinahe halb zehn Uhr. *Sie begreifen unsere Nervosität.* Wann würden die Kinder ins Bett kommen?" (S. 675 f.).).

Thomas Manns subjektive, unironische Erzählhaltung dient dazu, das Vertrauen des Lesers zu gewinnen, den er im Sinn des gegen den Faschismus, oder, allgemeiner gesagt, das Widervernünftig-Unmenschliche, das „Nächtliche" gerichteten Anliegens seiner Novelle (vgl. S. 39 f. o.) überzeugen will. Der Gehalt drängt sich der Vorstellung des Lesers beherrschend auf. In der Erzählhaltung drückt sich ein klarer Wille zur moralisch-politischen Einflußnahme auf den Leser aus. Von „Gladius Dei" unterscheidet sich „Mario und der Zauberer" durch seinen persönlich-subjektiven Tonfall und das Auftreten einer Ich-Person, vom „Propheten" dadurch, daß Thomas Mann als Ich-Person und nicht als Er-Person (der „Novellist") in Erscheinung tritt.

Die Novelle „Mario und der Zauberer" wirkt spontaner erzählt als „Gladius Dei" und „Beim Propheten". Da das Erzählen der Ich-Person als e i n Versuch erscheint, das Erlebte zu bewältigen und dieser weder der erste noch der letzte gewesen zu sein braucht, fehlt dem Werk der Charakter der Endgültigkeit. Dies ist künstlerisch beabsichtigt, ohne jedoch gekünstelt und unecht zu sein, und bedeutet einen Reflex der Notwendigkeit, sich immer wieder mit den faschistischen Entwicklungen in Europa auseinanderzusetzen. Der Leser fühlt sich von der wie unmittelbar der Eingebung folgenden Aussage des Werkes angesprochen. Es gibt Stellen, die darauf hinweisen, daß das Erlebnis häufig in Erinnerung des Erzählers auftauche. Hingewiesen sei auf Passagen wie: „Ein Ende mit Schrecken, ein höchst fatales Ende. Und ein befreiendes Ende dennoch, ich konnte und kann nicht umhin, es so zu empfinden!" (S. 711). Solche Wendungen sind ein Zeichen dafür, daß das Erlebnis für den Autor auch künftighin von beunruhigender Wirkung sein könnte; der Gehalt wird auf diese Weise beinah überbetont. Der Eindruck erzählerischer Vorläufigkeit verstärkt sich dadurch, daß der Leser die „Erzähldistanz"[34] nicht angegeben

34) Nach Franz Stanzel, Die typischen Erzählsituationen im Roman, S. 66: „Insofern der zeitliche Abstand des Erzählaktes vom Erzählten, d. h. in der Erzähl-

findet. Ihren Vermerk scheint der Autor in seiner Umkreistheit durch das Erlebnis vergessen oder für unwichtig befunden zu haben. Alles Geschehen ist auf das betroffene Reagieren der Ich-Person bezogen. In ihrem Erzählen sprechen sich Erregungsgrade aus verschiedenen zeitlichen Phasen aus. Einbegriffen ist einmal die erinnerte Zeit, da das Ereignis unmittelbar erlebt wurde, ferner die erinnerte Beschäftigung mit ihm in der Zeitspanne zwischen dem Tod Cipollas und der Erzählergegenwart: so ist von dem „Ende mit Schrecken" als von einem, „wie uns *nachträglich* schien, vorgezeichneten und im Wesen der Dinge liegenden Ende" die Rede (S. 658); und schließlich kommt die Erzählergegenwart in Betracht: der Erzähler zeigt sich bemüht, der Erinnerung an Torre di Venere, die „atmosphärisch unangenehm *ist*", endgültig beizukommen. Seine Einsicht in die ihn auch in Zukunft noch beunruhigende Kraft der Vorkommnisse wird dabei spürbar (vgl. u. a. S. 709 f.: „Ach, aber was war während (Cipollas) verblendender Worte aus unserem Mario geworden? *Es wird mir schwer,* es zu sagen, wie es mir schwer wurde, es zu sehen (. . .).").

Die Dominanz des Gehalts über die Form verbindet sich für den Leser mit der Vorstellung der Persönlichkeit Thomas Manns. Die Ich-Person ist keine „gedichtete Gestalt" im Sinn Wolfgang Kaysers [35], sie ist durchaus identisch mit Thomas Mann.[36] Man weiß doch, wo dieser politisch stand. Die in der Novelle verfolgte politisch tendenziöse moralische Absicht ist eine Spur zum „Erfinder" der Ich-Person. Und überdies: wenn ein weltbekannter Erzähler wie Thomas Mann schreibt und unter Einstreuung vieler persönlicher Züge, rechnet er auch damit, daß man seinen Typus zugrunde legt, einerlei, ob er nun alles, was geschildert wird, erlebt hat oder nicht. Aus dem Umstand aber, daß der Leser weiß, daß der Gehalt und die moralpolitische Absicht nicht Sache irgendeiner „gedichteten Gestalt" sondern diejenige Thomas Manns ist, geht die unverwechselbare Gewichtigkeit des angedeuteten moralpolitischen Anliegens hervor.

Die Zurückhaltung in der Frage eines unmittelbaren moralisch-politischen Wirkungswillens, die Thomas Mann in „Gladius Dei" beobachtete und im „Propheten" vorsichtig eindämmte, ist in „Mario und der Zauberer" aufgegeben. Der subjektivistische moralisch-politische Abscheu-Affekt gegen politisch mächtig und namhaft gewordene Tendenzen, die ihm schon zur Zeit des „Propheten" eine entschiedene Abneigung einflößten, bestimmt die Erzählhaltung. Thomas Manns gefühlsbetonte Darstellungsweise soll zunächst an einem Textbeispiel erläutert werden, das den Grundton seiner Einstellung zum Faschismus, eben jenen moralisch-politischen Abscheu-Affekt, besonders rein hervortreten läßt:

> „(. . .) gegen alle Erfahrung (fühlten wir uns) auch am Strande nicht wohl, nicht glücklich (. . .).

---

situation des Ich-Romans von den Erlebnissen des erlebenden Ich, eine Bezeichnung erfährt, wird dieser Abstand als Erzähldistanz ein wichtiges Element der Struktur des Ich-Romans."

35) Vgl. Wolfgang Kayser, Wer erzählt den Roman? S. 452 f.

36) Dies gegen Inge Diersen, S. 120 f.

Zu früh, zu früh, er war, wie gesagt, noch in den Händen der inländischen Mittelklasse, — eines augenfällig erfreulichen Menschenschlages, auch da haben Sie recht, man sah unter der Jugend viel Wohlschaffenheit und gesunde Anmut, war aber unvermeidlich doch auch umringt von menschlicher Mediokrität und bürgerlichem Kroppzeug, das, geben Sie es zu, von dieser Zone geprägt nicht reizender ist als unter unserem Himmel. S t i m m e n haben diese Frauen ! Es wird zuweilen recht unwahrscheinlich, daß man sich in der Heimat der abendländischen Gesangskunst befindet. „Fuggièro!" Ich habe den Ruf noch heute im Ohr, da ich ihn zwanzig Vormittage lang hundertmal dicht neben mir erschallen hörte, in heiserer Ungedecktheit, gräßlich akzentuiert, mit grell offenem è, hervorgestoßen von einer Art mechanisch gewordener Verzweiflung. „Fuggièro! Rispondi al mèno!" Wobei das sp populärerweise nach deutscher Art wie schp ausgesprochen wurde — ein Ärgernis für sich, wenn sowieso üble Laune herrscht. Der Schrei galt einem abscheulichen Jungen mit ekelerregender Sonnenbrandwunde zwischen den Schultern, der an Widerspenstigkeit,Unart und Bosheit das Äußerste zum besten gab, was mir vorgekommen, und außerdem ein großer Feigling war, imstande, durch seine empörende Wehleidigkeit den ganzen Strand in Aufruhr zu bringen. Eines Tages nämlich hatte ihn im Wasser ein Taschenkrebs in die Zehe gezwickt, und das antikische Heldenjammergeschrei, das er ob dieser winzigen Unannehmlichkeit erhob, war markerschütternd und rief den Eindruck eines schrecklichen Unglücksfalls hervor. Offenbar glaubte er sich aufs giftigste verletzt. Ans Land gekrochen, wälzte er sich in scheinbar unerträglichen Qualen umher, brüllte ohi! und Oimè! und wehrte, mit Armen und Beinen um sich stoßend, die tragischen Beschwörungen seiner Mutter, den Zuspruch Fernerstehender ab. Ein Arzt wurde herbeigeholt, es war derselbe, der unseren Keuchhusten so nüchtern beurteilt hatte, und wieder bewährte sich sein wissenschaftlicher Geradsinn. Gutmütig tröstend erklärte er den Fall für null und nichtig und empfahl einfach des Patienten Rückkehr ins Bad, zur Kühlung der kleinen Kniffwunde.Statt dessen aber wurde Fuggièro, wie ein Abgestürzter oder Ertrunkener, auf einer improvisierten Bahre mit großem Gefolge vom Strand getragen, um schon am nächsten Morgen wieder, unter dem Scheine der Unabsichtlichkeit, anderen Kindern die Sandbauten zu zerstören. Mit einem Worte, ein Greuel." (S. 665 f.).

Die Stelle in unserem Zitat, wo Thomas Mann die Stimmen von Italienerinnen beschreibt, unterscheidet sich von der Schilderung einer ähnlichen Strandszene mehrere Seiten vorher [37] so wesentlich, daß nunmehr von einer objektiv-impressionistischen Detail-Kunst nicht mehr die Rede sein kann. Wir finden einen einzelnen Eindruck, und zwar einen akustischen (in dem anderen, kürzeren Zitat ist er einer unter mehreren), aus seinem objektiv impressionistischen Rahmen genommen. Er mutet nicht mehr als von einer ruhig aufnehmenden, ästhetisch genießenden Gemütsstimmung in ein vergleichsweise objektives Licht getaucht an, sondern er ist von

37) Gemeint sind die Sätze: „(. . .) es wimmelt von zeterndem, zankendem, jauchzendem Badevolk, dem eine wie toll herabbrennende Sonne die Haut von den Nacken schält; flachbodige, grellbemalte Boote, von Kindern bemannt, deren tönende Vornamen, ausgestoßen von Ausschau haltenden Müttern, in heiserer Besorgnis die Lüfte erfüllen, schaukeln auf der blitzenden Bläue (. . .)." (S. 659).

einem verärgerten und gereizten Menschen als Symptom einer abscheuerregenden Atmosphäre überhaupt gefaßt und daher mit dem ganzen, eigentlich ihr zukommenden Schwall von Antipathie bedacht. Anstelle der sachlichen Bezeichnung „Ausschau haltende Mütter“ heißt es jetzt „Stimmen haben diese Frauen!“ — ohne die detaillierende Auskunft, daß es sich bei diesen Frauen eben um Ausschau haltende Mütter handelt. Ebenfalls heißt es lediglich und wie unwillkürlich-spontan „zu früh, zu früh“, anstatt wie an früherer Stelle (S. 659) in episch-gemessener Art: „(...) wir fanden (...), wir seien zu früh gekommen.“ Um die Schilderung so lebhaft wie möglich zu machen, wird also auch das Stilmittel des Ausrufs benutzt. Subjektiv heftig wirkt auch die Anwendung des Superlativs („aufs giftigste“) und der Gegenwart („Ich habe den Ruf noch heute im Ohr.“).

Die Detailkunst der Novelle steht, gerechnet vom Beginn der tieferen Verstimmung des Erzählers durch die fremdenfeindliche Atmosphäre, seit seinem „irritierten Nachdenken“ über seinen ersten Zusammenstoß mit dem „landläufig Menschlichen“ in Torre di Venere (vgl. S. 663), im Dienst einer idiosynkratischen, skrupulösen Betrachtungsweise (man denke an des Autors Gereiztheit darüber, daß sp wie schp ausgesprochen wird!), die in ihrer Heftigkeit an E. T. A. Hoffmann'sche Ausbrüche des Ekels und Hasses gemahnt. Dieser böse, freilich nur zu berechtigte Blick auf die sich am Strand abspielenden Vorgänge gilt etwa dem Benehmen Fuggièros, der von einem Taschenkrebs in die Zehe gezwickt worden ist. Sein Benehmen reizt „eigentlich“ zum Lachen. Thomas Mann hebt jedoch die Komik der geschilderten Situation auf. Er weiß, daß es antihuman wäre, den Jungen, einen der „Hauptträger der öffentlichen Stimmung“ (S. 666), komisch zu finden. Nicht zuletzt aus Humanität fühlt sich der Erzähler vom schauspielerhaften Auftritt Fuggièros angeekelt, denn die nationalistische Stimmung drückt sich darin aus und findet in ihm ihr Gleichnis.[38] Auch sie ist von übertriebenem Geltungsdrang geprägt. Übrigens will ja auch Cipolla, wie einmal angedeutet wird (S. 697 f.), wie Fuggièro letzten Endes bemitleidet werden, trotz oder wegen seines abscheulichen Wesens. Direkte und indirekte Ausdrücke des Ekels sind in unserem Text in Fülle vorhanden. Allein in dem obigen längeren Zitat stehen die Bezeichnungen: heisere Ungedecktheit, gräßlich akzentuiert, grell offen, mechanisch gewordene Verzweiflung. Zwanzig Vormittage lang hat der Erzähler das entnervende Geschrei jener anscheinend etwas unmusikalischen Dame neben sich erschallen hören, und zwar hundert Mal. Das ist eine subjektive, scheinbar impulsiv dem Augenblick entsprungene Angabe — formal gesehen eine „Hyperbel“ — und detailliert genau nur insofern, als sie für die gereizte Stimmung ihres Urhebers ein beredtes Zeugnis ablegt. Ausdrücke des Ekels folgen ziemlich dicht aufeinander: abscheulich, ekelerregend, Widerspenstigkeit, Unart, Bosheit, großer Feigling, empörende Wehleidigkeit — und darauf die scheinbar ironischen, in Wirklichkeit

38) Ilsedore B. Jonas, S. 80, sieht in Fuggièro „den Typus des politischen Agitators, der immer von neuem Streit unter den Kindern und damit auch unter den Erwachsenen hervorruft.“

Tatsachen voller Ekel festhaltenden Bezeichnungen: antikisches Heldenjammergeschrei, markerschütternd, schrecklich, scheinbar unerträglich, tragische Beschwörungen. Dann beruhigt sich die Sprache in Tempo und Ausdruck in den beiden Sätzen, welche den Auftritt des Arztes umschreiben. Darauf, gleichsam die Unheilbarkeit oder doch Zähigkeit der über gewisse Leute gekommenen „Krankheit" (vgl. S. 667) in der Sprache anklingen lassend, flammt der Ekel wieder auf, und zwar in den Worten: „(. . .) um schon am nächsten Morgen wieder, unter dem Scheine der Unabsichtlichkeit, anderen Kindern die Sandbauten zu verderben. Mit einem Worte, ein Greuel." —

In der heftigen, suchenden Erzählhaltung der politischen Novelle „Mario und der Zauberer", in ihrer entziffernden Unruhe spiegelt sich eine unmittelbare Reaktion auf ein Erlebnis wieder, das die Ich-Person je länger desto mehr zu einer moralisch eindeutigen Verurteilung Cipollas anhält. (Vgl. u. a.: „Beanspruchte er (gemeint: Cipolla) auch noch unser Mitgefühl? Wollte er alles haben?" (S. 697)). Die Sprache zeigt die Erschütterung und zugleich die Unsicherheit ihres Urhebers an. (Vgl. u. a.: „Zu entschuldigen ist es nicht, daß wir blieben, und es zu erklären fast ebenso schwer. Glaubten wir B sagen zu müssen, nachdem wir A gesagt und irrtümlicherweise die Kinder überhaupt hierher gebracht hatten? Ich finde das ungenügend." (Usw.) (S. 695). Jener in „Bilse und ich" angedeutete, einem Vertrauensverhältnis unzuträgliche Leserirrtum, von einer kritischen Prägnanz des Ausdrucks auf eine Bosheit und Feindseligkeit in menschlichem Sinn zu schließen (vgl. S. 52 o.), kann dadurch nicht aufkommen. Das unerbittlich genaue Bezeichnen erscheint als das beiläufige Ergebnis eines wie unmittelbar aus der Aufgewühltheit durch das Erlebnis stammenden Erzählens; es kann nicht, wie bei „Gladius Dei", als Ausdruck einer „anmaßenden", kalt wissenden Überlegenheit des Erzählers mißverstanden werden. Sogar die Geste einer gewissen Hilflosigkeit wird nicht verschmäht. Sie trägt ebenfalls zur Verringerung der Distanz zwischen Autor und Leser bei. Formulierungen wie: „Ich verstehe es nicht und weiß mich nicht zu verantworten" (S. 694) sind häufig und bilden einen Stilzug der Novelle. Die Reizbarkeit und Verletzbarkeit dem Erlebnis gegenüber (vgl. Zitat S. 52 o.) kommt, was die Erzählhaltung betrifft, in dem subjektiven, sich an eine Sie-Person um Rat und Anhören wendenden Stil (vgl. S. 664, 694, 695 f.) zum Ausdruck.

Mit dieser mag sich der Leser identifizieren in dem Sinn, daß er sein „besseres Ich" angesprochen fühlt, denn sie deutet darauf, daß sich die Ich-Person einer höheren Instanz unterworfen fühlt, die sich durch überlegene Gerechtigkeit des Urteils auszeichnet (vgl. u. a.: „*Unfehlbar* werden Sie mich fragen, warum wir nicht endlich weggegangen seien, — und ich muß Ihnen die Antwort schuldig bleiben. Ich verstehe es nicht und weiß mich tatsächlich nicht zu *verantworten.*" (S. 694)). Die Sie-Person repräsentiert also gewissermaßen das moralisch intakte Leser-Ich, das angerufen und auf das eingewirkt werden soll. Doch nicht nur in der Sie-Person, sondern auch in der Ich-Person kann und soll der Leser sich wiedererkennen. Für Thomas Mann war das „Dichterische (. . .) in allen Stücken

nur eine Verdeutlichung des Menschlichen überhaupt".[39] Dies Verhältnis ist in der politischen Novelle deutlich zum Ausdruck gebracht: Der Leser fühlt sich auf die Seite des Ich-Erzählers Thomas Mann gezogen und erlebt mit ihm die Gefahren, die jedem einmal von seiten des Bösen drohen können. Ihm wird klar, daß er nicht davor gefeit ist, in die typisch gleiche Situation wie die Ich-Person zu geraten und damit auch in eine im Wesen ähnliche Lage wie das Publikum, die Versuchspersonen und Mario. Ihr Geschick ist vom erlebenden und erzählenden Ich mit einer sympathetisch hellsichtigen Erkenntniskraft mit- und nacherlebt, dem intuitiven Verständnis eines Menschen, dem charakteristisch Ähnliches zugestoßen ist. Thomas Mann, der sich in persönlichen Details nur schattenhaft zu erkennen gibt [40], scheint mit den Zuschauern und den Versuchspersonen Cipollas manchmal zu verschwimmen, und zwar im Sinn jener Einebnung der sozialen Unterschiede, jenes „großen Ausgleichs vor der Majestät des Unglücks", von dem im „Eisenbahnunglück" die Rede ist. (S. 425). Jeder von Ihnen, so lautet gleichsam die Warnung an das Lesepublikum, kann aufgerufen und als Werkzeug benutzt werden, wenn er sich nicht wehrt; keiner sitzt mehr unentdeckbar im Dunkeln.
In der Erzählhaltung von „Mario und der Zauberer" deutet sich, so darf abschließend gesagt werden, eine starke innere Beteiligung Thomas Manns am politischen Geschehen seiner Zeit an. Auch drückt sich in ihr ein unmittelbares Kontaktnehmen zu Leser auf der Grundlage der Zeit- und Leidensgenossenschaft in Bezug auf faschistische Mächte aus. Der Wille, den Leser direkt im moralpolitischen Sinn zu beeinflussen, ist unverkennbar. In der Erzählhaltung offenbart sich eine unmittelbar menschliche, betroffene Unsicherheit, die ein überlegen ironisches Gelten-Lassen nach beiden Seiten hin nicht mehr zuläßt.

B) Die Gattung

Die Fabel des „tragischen Reiseerlebnisses" „Mario und der Zauberer" entfaltet sich in den einzelnen Teilen des Werkes auf charakteristisch verschiedene Weise. Bevor wir darauf im Zusammenhang mit der verschiedenen Ausprägung von Thomas Manns moralischem Wirkungswillen zu sprechen kommen, müssen zunächst die einzelnen Teile, der äußere Aufbau bestimmt werden. Das schon anläßlich der Analyse der Erzählhaltung festgestellte Übergewicht des Gehalts über die Form macht sich bei diesem Versuch insofern bemerkbar, als der äußere Aufbau sich nicht, wie bei „Gladius Dei", von vornherein zu erkennen gibt (es fehlt z. B. die Markierung durch Nummern-Unterteilung), sondern vom inneren Aufbau her ermittelt werden muß, und zwar ist dies auf zweierlei Weise möglich: einmal durch einen Blick auf die charakteristisch verschiedene dramatische Gewichtsverteilung und zum andern, indem die Maße der erzählten

---

39) Thomas Mann, Reden und Aufsätze 1, S. 662, Gruß an die Schweiz (1934).
40) Vgl. Harry Matter, S. 591.

Zeit zum Ausgangspunkt genommen werden. Das soll im Folgenden gezeigt werden, und wir beginnen mit der zuerst genannten Möglichkeit:
Der erste Abschnitt stellt als Einführung den ersten Teil der Novelle dar.[41]
Den zweiten Teil bildet die Schilderung der Zeit von der Ankunft des Ehepaares bis zu dem Zeitpunkt, da Cipolla angekündigt wird. Diese Zeit steht im Zeichen des „Ortsdämons" (S. 670), der „politischen" Gespanntheit der Atmosphäre.
Der dritte Teil reicht bis zu Cipollas persönlichem Auftreten und leitet von Teil zwei zu Teil vier über: als motivisches Bindeglied zwischen dem „Ortsdämon", der die im zweiten Teil geschilderte Zeit überschattete, und der Person des Zauberkünstlers erweist sich dessen Name und Berufsbezeichnung samt den damit verbundenen Assoziationen. Sie sind es, auf die das Interesse gelenkt wird und von denen nunmehr das Warten des Ehepaares abhängig zu sein scheint.
Der Beginn des vierten Teils ist dadurch bezeichnet, daß Cipolla persönlich auftritt. Die atmosphärische Spannung des Fremdenortes, die er auf sich gezogen zu haben scheint, kann von jetzt an in Person bekämpft werden. Ob von seinen „Vorläufern", dem Hotelier, Fuggièro oder den „Sittenwächtern" jemand im Saal anwesend ist, wird nicht gesagt; es heißt lediglich: „(...) ganz Torre war da (...)." (S. 673). Sie verschwinden gleichsam hinter Cipolla, der die Kräfte des Inhumanen und Antihumanen in höchst potenzierter Form in sich vereinigt. Dagegen werden einige der im zweiten und dritten Teil genannten Vertreter normaler Menschlichkeit als anwesend erwähnt, nämlich Herr und Frau Angiolieri sowie Mario.
Während der im vierten Teil behandelten Zeit ist Cipolla dem Publikum genauso unverhältnismäßig überlegen, wie im zweiten Teil der „Ortsdämon" dem Ehepaar.
Den Wendepunkt bedeutet erst das Auftreten Marios. Hier setzt der fünfte und letzte Teil der Novelle ein. Cipollas feindselig gespannte Aufmerksamkeit läßt nach, sein Untergang beginnt. (Vgl. S. 37 o.). Es ist dies der einzige Wendepunkt der Novelle. Fritz Lockemann [42] nimmt fälschlich zwei Wendepunkte an:

> „Der junge Kellner Mario, der in der Hypnose seine Liebe bloßstellen mußte, womit der erste Wendepunkt, der desillusionierende Einbruch des Geistes in das Leben bezeichnet ist, erschießt den Hypnotiseur und beweist in diesem zweiten Wendepunkt der Novelle die stärkere Wirklichkeit der Lebensordnung."

Hier liegt ein Mißverständnis vor. Die Spannung der Novelle beruht ja nicht auf einem Gegensatz von Geist und Leben und übrigens auch nicht auf einem von Kunst und Leben, wie er von Ferdinand Lion angenommen

---

41) Nach Harry Matter, S. 594; vgl. auch Eberhard Hielscher, S. 68; ihre Einteilung der übrigen Novelle ist jedoch, genau wie die sich auf die gesamte Novelle beziehende Einteilung von Klaus Bock, S. 134, Walter Weiß, S. 81, Inge Diersen, S. 169 u. a. nicht adäquat. Sie nehmen nur zwei Teile an, nämlich die Zeit am Strand und die Abendvorstellung; vgl. dazu S. 116 ff. der vorliegenden Arbeit.

42) Fritz Lockemann, S. 339.

wird.[43] Zugrunde liegt vielmehr die Spannung von Gut und Böse (vgl. S. 39 ff. o.). Mario ist der Vertreter des Guten, Cipolla der des Ungeists, des Bösen. Da der Zauberer einen Sieg nach dem anderen feiert, kann mit Wendepunkt eben nur derjenige Augenblick gemeint sein, da das Blatt sich wendet und Cipolla seine Waffe, seine achtsame Aggressivität, ablegt. Was nach Lockemann der zweite Wendepunkt sein soll, ist nur die Folge jener Nachlässigkeit, es ist der dramatische Höhepunkt und das zentrale Ereignis.

Daß es außer der Ouverture noch vier weitere Teile des Werkes gibt, erhellt auch aus den Maßen der erzählten Zeit, die sich entsprechend der Zuspitzung des dramatischen Geschehens deutlich voneinander abheben und diesem gemäß dem Diktat der inneren Erregung oder der Fabel, die erzählt sein will (vgl. S. 81 u.), wie unwillkürlich zugrundegelegt zu sein scheinen: im zweiten Teil werden Wochen, im dritten Tage, im vierten Stunden und im fünften Minuten behandelt:

Im zweiten Teil werden auf gut zwölf Seiten achtzehn Tage behandelt. Es heißt nämlich (S. 670): „(...) die offene Glut, die achtzehn Tage seit unserer Ankunft (und vorher wohl lange schon) geherrscht hatte, wich einer stickigen Sciroccoschwüle (...). Zu diesem Zeitpunkt zeigte sich Cipolla an."

Was den dritten Teil angeht, so wird die Zahl der Tage der erzählten Zeit nicht ganz klar. Cipolla „zeigt sich an", und die Kinder bedrängen die Eltern „von Stund an", mit ihnen zu der Veranstaltung zu gehen (vgl. S. 670). Am „angesetzten" Tage macht sich die Familie auf den Weg. (S. 671). Seit der Ankündigung Cipollas auf Plakaten ist also wenigstens e i n Tag vergangen. Die Schilderung dieser Zeit und des viertelstündigen Ganges zum Schauplatz der Veranstaltung beansprucht etwas mehr als eine Seite. Das Warten auf Cipolla in dem Lokal, in dem er auftreten soll, dauert von etwa neun Uhr abends bis halb zehn: Auf Seite 670 wird die Anfangsstunde genannt: neun Uhr; und auf Seite 671 wird gesagt: „(...) wir (hatten) unsere Plätze selbst aufzusuchen. (...) wir (mußten) bemerken, daß man die (...) Anfangsstunde lax behandelte (...)."; auf Seite 673 f. wird Cipollas Auftritt geschildert: „Gegen halb zehn Uhr begann das Publikum zu applaudieren (...). Und siehe, wie es zu gehen pflegt: Auf einmal war der Beginn (...) leicht zu ermöglichen. Ein Gongschlag ertönte, (...) und die Gardine ging auseinander. (...). Man hatte noch zwei Sekunden Zeit (...). Dann (...) hielt Cavaliere Cipolla seinen Auftritt." Diese Zeit wird auf gut zwei Seiten erzählt. Im dritten Teil wird also auf drei und einer halben Seite ein Zeitraum von mindestens einem Tag und einer dreiviertel Stunde behandelt. Dieser Teil leitet auch insofern vom zweiten zum vierten Teil über, als sich in ihm der Übergang von Wochen in Tage und von Tagen in Stunden vollzieht. Wegen seiner Kürze zeigt sich an ihm besonders deutlich eine Tendenz der Novelle überhaupt, nämlich die, die zu erzählende Zeit immer lückenloser zu erfassen.

43) Ferdinand Lion, S. 45 f.

Der vierte Teil erstreckt sich über reichlich dreißig Seiten. Er umgreift einen Zeitraum von ungefähr vier Stunden, nämlich von halb zehn bis „ziemlich weit nach Mitternacht". (S. 703).
Der fünfte Teil schließlich, beginnend mit dem Auftritt Marios, vergegenwärtigt auf gut sieben Seiten eine Zeitspanne von mehreren Minuten. Ihre Zahl läßt sich, da genaue Zeitangaben fehlen, ebenfalls nicht exakt ermitteln, und zwar trotz minutiöser Schilderung nicht, da Pausen beim Sprechen und langsame oder schnelle Redeweise nicht näher bezeichnet sind. Das ist verständlich, denn der Autor will Augenblicke zeitvergessener Benommenheit aller Beteiligten beschwören. In diesem Teil herrscht im Gegensatz zu den vorangegangenen die wörtliche Rede vor, wie offensichtlich ist und nicht näher erläutert zu werden braucht. Die Vorgänge werden szenisch geschildert. „Kleiner Zeitausschnitt und nahe Erzählperspektive", welche im Sinn Eberhard Lämmerts dafür erforderlich sind[44], charakterisieren den letzten Teil der Novelle, der „idealiter nach Zeitdeckung (strebt), (...) (weshalb) auch die direkte Rede an ihr großen Anteil hat." [45]
Da gezeigt werden soll, wie sich in der erzählerischen Entfaltung der novellistischen Fabel Thomas Manns unmittelbarer moralisch-politischer Wirkungswille zu erkennen gibt, so ist weiterhin noch, bevor davon gehandelt werden kann, der besondere Charakter des ersten Abschnitts der Novelle als „Fabel" festzustellen.
Thomas Mann hat es dem Leser abgenommen, die Fabel seiner Novelle zu ermitteln, denn er enthüllt sie im Erzähleingang, im ersten Anschnitt. In ihr gibt er die Zentralmotive — Unschuld und Dämonie — preis. Die Erkennbarkeit der Zentralmotive aber ist ein bezeichnendes Merkmal der Fabel.[46] Als wesentliche Elemente der inneren Handlung sind die Zentralmotive auch unentbehrliche Bausteine der Fabel, welche die innere Handlung des Geschehens nachbildet. Sie betont die Kausalität[47] oder den „Sinnzusammenhang" [48] der Begebenheit und hebt sich von der Inhaltsangabe ab, die den Geschehnisverlauf zum Bericht zusammenzieht.[49] Ebenfalls ist sie nicht das Werk in verkleinertem Maßstab, in folgerichtig verkürzter Form, sondern sie hat, indem sie die poetische Logik, den tieferen Sinn der Handlung angibt oder aufdeckt, vermittelnde Bedeutung zwischen der Erzählung und ihrer Interpretation.
Der erste Abschnitt der Novelle „Mario und der Zauberer" genügt dieser Definition der Fabel. Im ersten Abschnitt wird einmal die unangenehme Stimmung, die in der im zweiten Teil geschilderten Zeit herrscht, in Zusammenhang mit der Person Cipollas gebracht und der Schock, den er verursacht, und das Wesen dessen, der ihn hervorruft, indirekt als in den Gefühlen des Ärgers, der Gereiztheit, der Überspannung latent vorhanden

44) Eberhard Lämmert, S. 87.
45) A.a.O., in Bezug auf die „szenische Darstellung von Vorgängen."
46) Wolfgang Kayser, Das sprachliche Kunstwerk, S. 78.
47) E. M. Forster, S. 93 f.
48) Herbert Seidler, S. 459 f.
49) Wolfgang Kayser, Das sprachliche Kunstwerk, S. 77.

gedeutet. Ferner werden Erlebnisinhalte der Zeit des erlebenden und des erzählenden Ichs verknüpft, und zwar durch den Hinweis auf die Kinder, welche nicht verstanden h a b e n, wo das Spektakel a u f h ö r t e und die Katastrophe b e g a n n, und die man in dem Wahn gelassen h a t, daß alles Theater gewesen sei; der Erzähler ist über den Ausgang des Geschehens insofern erleichtert, als die Kinder nicht desillusioniert worden sind, aber der Schock, daß es auch anders hätte kommen können, klingt in seinen betroffenen, abwehrenden Worten nach. Ein weiterer Sinnzusammenhang wird durch die Andeutung eines vorgezeichneten und im Wesen der Dinge liegenden Endes hergestellt. Eine sittliche Weltordnung und das dargestellte Geschehen werden in einem Abhängigkeitsverhältnis sichtbar gemacht.

Das subjektiv bewegte Erzählen Thomas Manns entspringt der Rätselhaftigkeit des Geschehens. Die im ersten Abschnitt verborgene Fabel der Geschichte bedeutet keine endgültige Lösung des Rätsels. Sie bezeichnet vielmehr die Grenze zwischen dem Erkannten und dem Unerkannten bzw. Unerkennbaren des Erlebnisses. Auf diese Grenze zwischen aussagbarer und nur andeutbarer Wirklichkeit verweist das Attribut für Cipolla „schrecklich“ ebenso wie die Formulierungen „Ende mit Schrecken“ und „Wesen der Dinge“: „Rationality is not the same thing as naturalism (...). Gods and witches, the supernatural and the unnatural are permitted as they are within the conventions of the plot.“ [50] Indem die Ich-Person die Fabel der Novelle voranstellt, verrät sie mithin nur den vorläufigen Erkenntnis- und Deutungsstand in Bezug auf das Erlebnis. Sie zeigt damit auch, daß die Rätselhaftigkeit des Geschehens, deren Druck sie aufheben oder zumindest lindern möchte, der alleinige Grund für ihr Erzählen ist, nicht aber die Vordergrundhandlung um ihrer selbst willen. Das Motiv, aus dem die Ich-Person erzählt, ist die Erregung über das Erlebnis, die ihrem Gegenstand nach mit der Fabel identisch ist.

Was nun den Erzähler erzählen läßt, eben das Geheimnisvolle, Beunruhigende, Heimsucherische des Erlebnisses, ist im ästhetischen Sinn die Fabel als Ordnungsprinzip der Novelle und, was den Leser angeht, der Grund, weshalb er diese als eine spannende Geschichte liest. Er liest in der Erwartung, die im ersten Abschnitt formulierte Fabel erläutert zu bekommen. Die Erzählbegier der Ich-Person und die Neugier des Lesers harmonieren, so daß Thomas Manns moralpolitischer Wirkungswille unter guter Voraussetzung ins Spiel gelangen kann.

Im Folgenden wird versucht, die Novelle auf die vorangestellte Fabel zu beziehen. Da diese von einem subjektiv moralistischen Werten des Ereignisses geprägt ist, erhalten wir, indem wir der novellistisch-dramatischen Art ihrer erläuternden Entfaltung folgen, einen Umriß von Thomas Manns moralisch-politischem Wirkungswillen, soweit er der novellistischen Form eingeschmolzen ist. Die Fabel durchdringt die Handlung mit ihrer ordnenden, regulativen Kraft, und zwar in den einzelnen Teilen des Werkes auf charakteristisch verschiedene Weise. Das dramatische Gefälle des Werkes wird von ihr gespeist.

---

50) Cassel's Encyclopaedia, S. 421.

Im zweiten Teil der Novelle, mit der die Handlung beginnt und der bis zu dem Zeitpunkt reicht, da Cipolla angekündigt wird, hat der Erzähler aus dem, was er in der betreffenden Zeit erlebt hat, dasjenige ausgewählt, das geeignet ist, den ersten Satz und den ersten Teil des zweiten Satzes der Fabel zu fundieren. Das atmosphärisch Unangenehme der Stimmung wird beschworen, der Ärger, die Gereiztheit, die Überspannung, die sich auf die Menschen überträgt und von ihnen ausgehend wiederum die Giftigkeit der Atmosphäre zu verstärken scheint. Der Gehrockmanager, überhaupt die Hoteldirektion, die patriotischen Kinder mit Fuggièro an der Spitze, der Herr im Schniepel, der Beamte — sie handeln in einer irrationalen, aber erfolgreichen Weise.
Die „Überspannung“ der den Zauberer ankündigenden Personen äußert sich namentlich in ihrem falschen Verhalten Kindern gegenüber, in ihrem gestörten Verhältnis zum Kindlichen. Man denke an die Fürstin und ihre ungerechte Mütterlichkeit, den servilen Hotelier, der das Votum des Arztes der Fürstin nicht mitzuteilen wagt, den Herrn im Schniepel, der an der Nacktheit des kleinen Mädchens Anstoß nimmt, die Mutter Fuggièros in ihrer gleichsam mechanisch gewordenen Mütterlichkeit, Fuggièro selbst und die anderen patriotischen Kinder.
Der Atmosphäre, die sich in diesen Personen verkörpert, fehlt es an Unschuld, an Zwanglosigkeit, Politisches geht um, der Gedanke der Nation ist im Spiel. (Vgl. S. 666).
Umgekehrt sind die Personen der Gegenseite als normale gesittete Menschen auch durch ihr unbefangenes und vernünftiges Verhältnis zum Kindlichen, zum Kind ausgewiesen: der Arzt etwa, der sachlich den Keuchhusten untersucht und später Fuggièro zu beruhigen trachtet, Mario als Freund der Kinder . . . . Bei dem gutbürgerlichen Elternpaar (der „Wir-Person“) liegt der Fall etwas schwieriger. Sein Warten und Zögern gefährdet die Kinder und ist ein Zeichen auch seiner Anfälligkeit für die faschistische, „dämonisierte“ Atmosphäre.[51]
Während im zweiten und dritten Teil der Konflikt latent-atmosphärisch eine nicht näher bestimmte größere Anzahl von Menschen beherrscht, ist er im vierten Teil auf den Zauberer und sein Publikum begrenzt. Wurde im zweiten Teil das Atmosphärisch-Dämonische, Faschistische und im dritten der Übergang davon zur Personifikation des Bösen und des Faschismus in einem Einzelnen beschrieben, so handelt es sich jetzt darum, daß die in Cipolla verkörperten Kräfte faschistischer Antihumanität und Irrationalität im offenen Angriff gezeigt werden; umsonst ist das Bemühen der Versuchspersonen und des Publikums, sich gegen des Zauberers entfesselte Macht-Triebhaftigkeit[52] zu behaupten. Die in der Fabel angedeutete Macht des Schrecklichen, Bösartigen und Bedrohlichen wird in ihrer Wirkungsweise soweit wie möglich gestaltet. Cipollas Versuche und die von ihm ausgehenden Versuchungen werden uns in einer paradigmatischen Auswahl vor Augen geführt. (Vgl. S. 693).

---

51) Vgl. Bernt Richter, S. 113; Fritz Martini, Nachwort, S. 609; vgl. S. 46 o.

52) Vgl. Reden und Aufsätze 2, S. 282, wo Thomas Mann die nationalsozialistischen Verantwortlichen als „Lüstlinge der Macht“ bezeichnet.

Das Wesen des Konflikts teilt sich der sensibel beobachtenden und erlebenden Ich-Person immer deutlicher mit. Im fünften Teil wird seine letzte Phase geschildert. Cipolla trifft auf Mario. Der Erzähler berichtet ausführlich. Die Handlung, soweit sie ihm bewußt und unvergeßlich geworden ist, wird lückenlos mitgeteilt, da sie nichts Problemfernes oder Unproblematisches im Sinn der Fabel mehr hat, das gerafft oder ausgespart werden dürfte. Hinweise, wie sie vorher möglich waren, z. B." (...) die intimere Reihenfolge seiner (gemeint: Cipollas) Leistungen weiß ich nicht mehr" (S. 690), oder: „Lassen Sie mich zusammenfassen" (S. 696), oder „Ich habe vorgegriffen und die Reihenfolge ganz beiseite geworfen" (S. 698) — wären jetzt undenkbar. Die Handlung ist in ihr tragisches Stadium eingetreten. Das zwischen Mario und Cipolla sich abspielende Geschehen gehorcht einer höheren moralischen Gesetzmäßigkeit. Die einzelnen Phasen sind aufs Engste miteinander verknüpft und bilden eine Einheit. Der Ich-Erzähler handelt nach der Erkenntnis, daß keine von ihnen unterdrückt werden darf, wenn er der Sie-Person die wesentliche Aussage der Fabel, daß nämlich das Ende mit Schrecken ein notwendiges und im Wesen der Dinge liegendes Ende gewesen sei, durch die Schilderung von Cipollas Untergang begreiflich machen will.

4. *Kapitel:* „Das Gesetz"

A) Die Erzählhaltung [53]

Die Novelle „Mario und der Zauberer" enthält in dichterischer Form die Anerkennung des Dualismus von Gut und Böse. Nicht nur Erfahrung, sondern auch das Erfahren und Werden der Erfahrung klingen in der Erzählhaltung an. Im „Gesetz" hingegen prägt gewordene Erfahrung, gebändigte Erschütterung den Stil. Die in der politischen Novelle vertretene moralpolitische Einstellung wird ins Grundsätzliche erweitert: Thomas Mann geht von der mosaischen Gesetzgebung als von der Essenz sittlich geregelten menschlichen Zusammenlebens aus. Er will sie mit seiner Erzählung, die nach seinem Willen die menschliche Gesittung gegen den Nationalsozialismus verteidigen soll [54], gegen diesen im Leser wachrufen. Er übernimmt den moralistischen Ingrimm des Bibeltextes gegen Übertreter und Verneiner des Sittengesetzes. Das eigenen furchtbaren weltgeschichtlichen Erfahrungen entsprungene Anliegen tritt im Bund mit der abendländischen Autorität der Bibel auf. Die Gewalt des moralischen Abscheus vor dem Nationalsozialismus bestimmt zusammen mit

---

53) Vgl. auch S. 137 ff. u.

54) Vgl. Altes und Neues, S. 678, 750; Reden und Aufsätze 2, S. 256 ff.; vgl. auch S. 59 ff. o.

der übernommenen entsprechenden grundsätzlichen Haltung der Bibel das Verhältnis der gehaltlichen und formalen Schwerpunkt-Verteilung. Es ist dem Leser nicht möglich, den Gehalt in die Form eingeschmolzen zu sehen und einseitig ästhetisch zu reagieren — wie es ihm im Fall der Hieronymus-Novelle mit ihren „bestechenden" formalen Qualitäten nahegelegt und erleichtert wurde. Der Umstand nun, daß das moralische Anliegen Thomas Manns sich nicht nur auf die eigene, sondern auch auf die im Grundtext festgehaltene Erfahrung stützt, äußert sich in der Erzählhaltung als Ruhe der Anschauung und bedingt, daß die Konturen der Form deutlich, wenngleich nicht überbetont wie in „Gladius Dei", sich der Aufmerksamkeit des Lesers darstellen und nicht so stark wie in „Mario und der Zauberer" vor dem Gehalt in den Hintergrund treten. Von der Phase der moralpolitischen Urteilswerdung aufgrund erstmalig-unmittelbaren Erlebens faschistischer Politik, einer Phase, die sich in „Mario und der Zauberer" reflektiert, ist „Das Gesetz" nicht mehr bestimmt, doch kann die Erzählung nicht ohne sie gedacht werden.

So wendet sich Thomas Mann mit einer Erzählhaltung der Weisheit, einer der Erfahrung der nationalsozialistischen Weltbedrohung abgerungenen Wissensruhe an den Leser. Sieht man zunächst von dem polemisch gemeinten Schluß ab, so kommt überall dort in der Erzählung, wo es um die Einprägung des von Thomas Mann gerade im Hinblick auf seine Zeit bejahten Sittengesetze geht, des Autors moralpolitischer Wirkungswille zum Ausdruck. Moses verbietet z. B. seinem Volk den Jubel über den Untergang der ägyptischen Streitmacht mit den Worten:

> „Du sollst dich des Falles deines Feindes nicht freuen; nicht sei dein Herz froh über sein Unglück. (. . .). Du sollst kein Freudengeschrei machen über den Fall deines Feindes." (S. 839).

Ein andermal wettert Moses im Namen Jahwes gegen die Vielgötterei:

> „(. . .) ich, der Herr, bin heilig und habe euch abgesondert, daß ihr mein wäret. Das Allerunreinste ist, sich um irgendeinen Gott zu kümmern, außer um mich, denn ich heiße ein Eiferer. (. . .). Hütet euch! Ich bin unter euch und sehe alles. Hurt einer den Tier- und Totengöttern Ägyptens nach dem will ich's eintränken." (S. 857 f.).

Und auf der Tafel, die Moses vom Sinai mitbringt und mit der er das Goldene Kalb zerschmettert, stehen Gottes Gebote:

> „Ich, Jahwe, bin dein Gott; du sollst vor mir keine anderen Götter haben.
> Du sollst dir kein Gottesbild machen.
> Du sollst meinen Namen nicht liederlich führen.
> Meines Tages gedenke, daß du ihn heiligst.
> Ehre deinen Vater und deine Mutter.
> Du sollst nicht morden.
> Du sollst nicht ehebrechen.
> Du sollst nicht stehlen.
> Du sollst deinem Nächsten nicht Unglimpf tun als ein Lügenzeuge.
> Du sollst kein begehrlich Auge werfen auf deines Nächsten Habe." (S. 874).

Thomas Manns gegen die nationalsozialistische „Verkehrung aller Begriffe“ und „Aufwiegelung des Untersten“ [55] gerichteter moralisch-politischer Wirkungswille auf den Leser offenbart sich in der Erzählhaltung, wie die obigen Beispiele zeigen, als ein Tonfall moralisierenden, eindeutigen An- und Abmahnens. In dieser ins Gewissen redenden oder predigenden, in dieser „wetternden“ Erzählhaltung drückt sich ein erzieherisches Anliegen aus, das sich im fiktiven Sinn an die Kinder Israel und die Menschheit aller Zeiten (vgl. u. a. S. 881 f.) richtet und im indirekten Sinn, der sich aus eben dieser von Thomas Mann angesetzten universalen Bedeutung ergibt, an den Leser, der auf die grundsätzliche Notwendigkeit der mosaischen Gesetze hingewiesen wird.

Gegen den Hintergrund der Mann'schen Auffassung des Nationalsozialismus als eines „Feindes der Menschheit“ [56] und des Sittengesetzes (vgl. S. 42 f. o.) gesehen, erweisen sich als Passagen, welche die Einprägung der göttlichen Gebote betreffen, als Andeutungen eines imaginären moralischen Strafgerichts über die prinzipiellen Gesetzesbrecher. Diese sind nicht zu verwechseln mit der gedankenlos-anfälligen, verführbaren Menge, an die sich Moses unmittelbar wendet, denn im Gegensatz zu ihr können und sollen sie nicht mehr gemahnt, gewarnt, zur Umkehr bekehrt werden, da sie eine grundsätzliche, unveränderliche Bösartigkeit verkörpern.[57] So gesehen, erscheinen die „Du sollst“- bzw. „Du sollst nicht“-Wendungen und ihre Variationen (vgl. obige Beispiele), die für die didaktische Ausprägung der Erzählhaltung typisch sind, in einer Bedeutung, die sich mit Formulierungen wie „Du hättest sollen“ bzw. „Du hättest nicht sollen“ unmittelbarer fassen läßt. Insofern aber spricht sich in der Erzählhaltung eine Einstellung nicht nur der Warnung und Mahnung, sondern auch der Anklage aus. Es ist hier zu denken an Stellen wie:

> „(. . .) zu morden, sei es aus Wut oder Gier, oder gieriger Wut, oder wütender Gier, das ist eine lodernde Untat, und wer sie begeht, gegen den will ich mein Antlitz setzen, daß er nicht weiß, wo er sich bergen soll.“ (S. 859).
>
> „Ist einer ein Schurke und führt dabei meinen Namen im Munde zur Zeugenschaft, der führt ihn am allerunnützlichsten, ich will ihn fressen.“ (S. 859).

Dieses Zitat gemahnt an Angriffe Thomas Manns gegen Hitler, z. B.:

> „Und wen ruft er (gemeint: Hitler) schließlich zum Schirm und Zeugen an (. . .)? Gott, den Allmächtigen. Die g o t t l o s e s t e a l l e r K r e a t u r e n, die zu Gott, dem Herrn in keiner anderen Beziehung steht als

55) Altes und Neues, S. 678.

56) A.a.O., S. 654.

57) Vgl. Reden und Aufsätze 2, („Deutsche Hörer!“), z. B. S. 193: „(Hitler) ist der Feind der Menschheit. (. . .). Dieser Krieg wird weitergehen (. . .), bis das Individuum Hitler, seine greuliche Garnitur und sein ganzes System von der Erdoberfläche vertilgt sind“; S. 242: „(Der Nationalsozialismus) ist die Bosheit der Hölle, und der Krieg dagegen ist die heilige Notwehr der Menschheit gegen das schlechthin Teuflische.“

der, eine Gottesgeißel zu sein, entblödet sich nicht, den Namen dessen im Munde zu führen, zu dem Millionen seiner gequälten Opfer schreien. Den Namen laß uns, Schurke, daß wir aus tiefstem Herzen sprechen: Gott im Himmel, vernichte ihn!“ [58]

In reinerer Ausprägung findet sich die Anprangerung des Nationalsozialismus am Schluß der Erzählung, als Verfluchung der götzenhaften Macht durch Moses:

„(. . .) Fluch dem Menschen, der da aufsteht und spricht: „Sie (gemeint: die Zehn Gebote) gelten nicht mehr.“ Fluch ihm, der euch lehrt: „Auf, und seid ihrer ledig! Lügt, mordet und raubt, hurt, schändet und liefert Vater und Mutter ans Messer, denn so steht's dem Menschen an, und sollt meinen Namen preisen, weil ich euch Freiheit verkündete.“ Der ein Kalb aufrichtet und spricht: „Das ist euer Gott. Zu seinen Ehren tuet dies alles und dreht euch ums Machwerk im Luderreigen!“ Er wird sehr stark sein, auf goldenem Stuhl wird er sitzen und für den Weisesten gelten, weil er weiß: Das Trachten des Menschenherzens ist böse von Jugend auf. Das aber wird auch alles sein, was er weiß, und wer nur das weiß, der ist dumm wie die Nacht, und wäre ihm besser, er wäre nie geboren. Weiß er doch von dem Bunde nichts zwischen Gott und Mensch, den keiner brechen kann, weder Mensch noch Gott, denn er ist unverbrüchlich. Blut wird in Strömen fließen um seiner schwarzen Dummheit willen, Blut, daß die Röte weicht aus den Wangen der Menschheit, aber sie kann nicht anders, gefällt muß der Schurke sein. Und will meinen Fuß aufheben, spricht der Herr, und ihn in den Kot treten, — in den Erdengrund will Ich den Lästerer treten hundertundzwölf Klafter tief, und Mensch und Tier sollen einen Bogen machen um die Stätte, wo Ich ihn hineintrat, und die Vögel des Himmels hoch im Fluge ausweichen, daß sie nicht darüber fliegen. Und wer seinen Namen nennt, der soll nach allen vier Gegenden speien und sich den Mund wischen und sprechen: „Behüte!“ Daß die Erde wieder die Erde sei, ein Tal der Notdurft, aber doch keine Luderwiese. Sagt alle Amen dazu!“ “ (S. 882 f.).

B) Die Gattung

Die Gattung des kleinepischen Werkes „Das Gesetz“ zu bestimmen, ist schwieriger als in den vorangegangenen Fällen und wird deshalb eine Weile aufhalten. Erst dann kann versucht werden, aus den besonderen gattungstypischen Merkmalen Hinweise auf Thomas Manns grundsätzliches moralisches Wollen zu entnehmen.
Das Werk hat kein Mittelpunktereignis, was sich „eigentlich“ nur der Roman erlauben dürfte. Es fehlt ihm daher ein für die Novelle charakteristisches Formelement.[59] Es ist auf eine Reihe von Ereignissen hin angelegt. Keins von ihnen kann als das zentrale angesprochen werden, auch nicht die Schaffung der Zehn Gebote auf dem Sinai. Dieser Teil stellt

58) A.a.O., S. 210 (Rede vom Dezember 1941).

59) Johannes Klein, Geschichte der deutschen Novelle, S. 5.

nur e i n e n Höhepunkt unter anderen dar. Auch der Schluß des Werkes von Teil 17 an, wo Moses die Zeit gekommen glaubt, auf den Berg Horeb zum Empfang der Gebote zu steigen, bedeutet nicht das novellistische Hauptereignis, weil die in diesem Rahmen geschilderten Begebenheiten zuviel Eigengewicht haben, um als e i n Ereignis verstanden werden zu können.

„Der Roman verknüpft mehrere Handlungen, die Novelle hat eine Handlung." [60] In diesem Sinn ist „Das Gesetz" romanhaft. Wenn Moses die Ebräer aus der ägyptischen Knechtschaft befreit und zu einem Volk in Jahwe zu erziehen sucht, so ist das ein erheblich ausgedehnter Zusammenhang, z u ausgedehnt, als daß man ihn als e i n e Handlung im Sinn einer novellistischen Handlung bezeichnen könnte. Die einzelnen Begebenheiten des Kollektivgeschehens, das von vornherein nicht in novellistischer Form hätte dargestellt werden können, sind romanhaft locker verbunden. Die kausale Verknüpfung des Geschehens ist nicht so eng wie bei einer Novelle und erzeugt daher während der Lektüre auch nicht jenes wägende und gespannte Warten auf den Ausgang der Handlung und die Lösung der Fragestellung, das durch den Eindruck von Einheitlichkeit und Unabgesetztheit des geschilderten novellistischen Ereignisses hervorgerufen und unterhalten wird. Der Leser der biblischen Erzählung aber fühlt sich bemüßigt, seine Aufmerksamkeit dichterischen, psychologischen und kontemplativen Feinheiten ebensosehr wie dem Gang der Handlung zu schenken und eins im anderen zu genießen. Dieser Umstand weist auf ein Wesensmerkmal der epischen Gattung „Erzählung", deren Eigenart, wie Johannes Klein sagt, oft in feinen Einzelheiten liegt.[61] Die einzige Erzählpartie im „Gesetz", die dramatische Bewegtheit und novellistischen Zusammenhalt vereint, setzt sich aus den ersten sieben Teilen zusammen, in denen das eine außerordentliche Ereignis der Befreiung der Ebräer aus der ägyptischen Knechtschaft mit dem Schwerpunkt auf dem zentralen, entscheidenden Konflikt zwischen Moses und seinem „Lüsternheitsgroßvater" Ramses dargestellt ist. In Anbetracht ihres Stellenwertes innerhalb der Erzählung ist sie jedoch nur ein Ereignis unter anderen. Sie bedeutet lediglich ein Geschehnisstadium im Rahmen des Versuchs der Durchführung eines Vorhabens und göttlichen Auftrags.

Ein weiteres romanhaftes Element ist die offen zutageliegende Allgemeingültigkeit der Ereignisse, ihr Bezug nicht auf das ausgefallen Menschliche, sondern das allgemein Menschliche.

„Das Gesetz" besitzt allerdings auch das novellistische Element der „unerhörten Begebenheit". Das Unerhörte besteht darin, daß Moses Werk gottgewollt ist und die Kinder Israel von Jahwe auserwählt sind. Die unerhörte Begebenheit ist die Ausführung eines göttlichen Auftrags durch Moses. Freilich liegt auf ihr nicht das Hauptgewicht der Schilderung, auch wenn sie deutlich genug herausgestellt ist. Das „unerhörte Ereignis" ist eben nicht zugleich auch das Mittelpunktereignis, es läßt sich lediglich eine „Mittelpunktsstrebung" erkennen, eine Tendenz, es in den Mittel-

---

60) A.a.O., S. 8.

61) A.a.O., S. 10.

punkt zu rücken. Die Aufmerksamkeit des Lesers wird immer wieder vom Unerhörten des Ereignisses weg auf alle möglichen Einzelheiten gelenkt.

Es ist hier daran zu denken, daß Thomas Mann im Unterschied zu „Gladius Dei" und mehr noch „Mario und der Zauberer" bei der Ausführung seiner „Sinai-Phantasie" [62] von der aus der Kindheit herrührenden Vertrautheit seiner potentiellen Leser mit dem Bibelstoff und seinem Gehalt ausgehen mußte. Eine Tendenz zum indirekten Erzählen, welche das „Was" der Handlung in der Darstellung ihres „Wie" aufgehen läßt, prägt denn auch durchgehend das Werk. Sie trägt dem Umstand Rechnung, daß der Leser zum Autor in einem mehr oder weniger rivalisierenden und kritisch prüfenden Verhältnis des Wissenspartners steht. Der Kenntnis-Vorsprung des im Besitz eines einmaligen Erlebnisses befindlichen Autors von „Mario und der Zauberer" gegenüber dem Leser entfällt und damit auch die Voraussetzung der neugierigen Spannung des Lesers auf die Neuigkeit — eine Bedingung, die gerade das novellistische Erzählen begünstigt und in deren förderndem Schutz sich die subjektiv beschwörende Erzählkunst der politischen Novelle entfalten konnte. Der biblische Stoff hingegen, als ein gemeinsamer Besitz von Autor und Leser, mag von beiden „Parteien" verschieden ausgelegt und vor allem geglaubt sein. Da Thomas Mann nun seine Moses-Erzählung doch auch tendenziös auf ein zeitpolitisches Anliegen hinauslaufen läßt, hängt dessen Wirksamkeits-Stärke nicht zuletzt vom Grad der Zustimmung ab, den der Leser seiner mehr oder weniger eifersüchtig oder skeptisch behüteten Überzeugung abgewinnt, die er hinsichtlich moralischer und religiöser Gehalte der Mann'schen Vorlage hegen mag. Stimmt es mit der erzählerischen Interpretation überein, so wird er, wenn er nicht starr einer völlig verschiedenen politischen Meinung anhängt, dem Autor auch in der zeitbezogenen Didaktik und Polemik folgen (vgl. S. 42 ff. o.). Wenn der Leser jedoch Mann's Haltung gegenüber christlichen Glaubensinhalten (vgl. S. 41 o.) nicht teilt, so wird für ihn der Gehalt und das tendenziöse Anliegen an Gewicht verlieren.

Das Ziel Thomas Manns ist es demnach offenbar nicht, das Abenteuerliche, Unerhörte der Handlung hervorzuheben, wie er es bei Unbekanntheit der Geschichte hätte tun können. Indem er allbekannte Ereignisse darzustellen unternahm, war er zu einer mehr romanhaft verinnerlichenden Anlage seiner Erzählung [63] gezwungen. „(. . .) hier war es *ja*, wo (. . .)" heißt es einmal, und zwar in dem Satz: „Denn hier war es ja, wo Pharao's Heeresmacht (. . .) die Auswanderer einholte und um ein Haar ihrer Wanderung zu Gott ein blutiges Ende gesetzt hätte." (S. 837). Ein anderes Beispiel: „Es waren Joschua und Kaleb, die in der Menge die Nachricht verbreiteten, Mose habe unter Anrufung des Gottes seinen Stab über die Wasser gehalten und sie dadurch bewogen, zurückzutreten und dem Volke

62) Thomas Mann, Briefe 1937/47, S. 311.

63) In „Die Kunst des Romans" (Thomas Mann, Altes und Neues, S. 395 ff.) findet sich, und zwar unter Berufung auf Schopenhauer, Allgemeines über die Verinnerlichung als Kennzeichen des Romans.

den Weg freizugeben.“ (S. 837). Thomas Mann formuliert also nicht etwa: „Joschua und Kaleb verbreiteten in der Menge die Nachricht, (. . .)“, sondern: „Es waren Joschau und Kaleb, die (. . .).“ In einem Hauptsatz weist er nachdrücklich darauf hin, daß es Joschua und Kaleb waren, welche die Nachricht verbreiteten — jene beiden jungen Männer demnach, die vor allem um das taktische Gelingen des Wanderzuges bekümmert sind. Damit wird die Möglichkeit angedeutet, es handele sich, was den Inhalt der Nachricht betrifft, um ein aus taktischen Gründen ausgestreutes Gerücht. Hier ist, wie auch sonst häufig in der Erzählung, die Geschichte vermittelst indirekter Handlungsführung spannend gemacht. Was Robert Faesi über die Josefs-Romane sagt, läßt sich auch auf „Das Gesetz“ anwenden: „Manns Gestaltung mutet an wie eine Art Exegese und Interpretation des Bibeltextes: so kann die Überlieferung gedeutet werden, so dürfte es sich zugetragen haben!“ [64]

„Das Gesetz“ gehört zur epischen Gattung der Erzählung; es ist eine historische Tendenz-Erzählung. (Vgl. S. 90 ff. u.). Die Fabel besitzt nicht jene die äußere Handlung aufzehrende Durchdringungskraft wie diejenige von „Mario und der Zauberer“. Sie ist schon ihrem Wesen nach als ideelle Basis eher eines Romans als einer Novelle ausgewiesen (vgl. auch S. 86 o.): Die Geschichte eines sich seiner selbst bewußt werdenden Volkes ist episch weit ausholend und mit gleichmäßigem Interesse für eine Reihe von locker miteinander verbundenen Begebenheiten geschildert, während in „Gladius Dei“ und „Mario und der Zauberer“ e i n Ereignis aus keimhaften Kleinigkeiten erwächst. Es sind eben Novellen.

„Das Gesetz“ zählt zusammen mit den „Vertauschten Köpfen“ und der „Betrogenen“ zum kleinepischen Spätwerk Thomas Manns. In diesen drei Erzählungen ist auf eine novellistische Form kein Wert gelegt. Die Erzählung „Die vertauschten Köpfe“ ist mit dem „Gesetz“ dadurch verbunden, daß eine sagenhafte, mysthische Überlieferung mit humoristischer und psychologischer Eindringlichkeit neu gestaltet wird. In den „Vertauschten Köpfen“ und der „Betrogenen“, den beiden durch die Frage nach dem Verhältnis von Natur und Mensch auch thematisch verknüpften Erzählungen, spielen romanhaft ausgedehnte Monologe und Dialoge eine beherrschende Rolle, denen im „Gesetz“ die essayistischen Erörterungen (vgl. S. 92 ff. u.) entsprechen. (Thomas Mann erscheint hier in der Nachfolge von Romanciers des 19. Jahrhunderts, wie Wilhelm Raabe). Während, was z. B. „Mario und der Zauberer“ betrifft, die Aufmerksamkeit des Lesers auf den notwendigen und gleichmäßigen Ausdruck der Fabel in der Schilderung eines Ereignisses — die Bedingung einer jeden Novelle [65] — gebannt bleibt, wird sie in jenen Erzählungen öfters von der Ereignis- oder besser Geschehens-Linie auf ein sich vereinzelndes Bereden und Kommentieren des Geschehens abgelenkt. Der Roman und andere epische Gattungen aber enthalten im Unterschied zur Novelle „in ihren einzelnen Teilen jeweils, funktional gesehen, Überschüssiges.“ [66] In der Novelle hin-

64) Robert Faesi, S. 81.

65) Vgl. Wolfgang Kayser, Das sprachliche Kunstwerk, S. 80.

66) Hans Hermann Malmede, S. 155.

gegen ist „die Rolle des Erzählers eingeengt. Er kann nicht abschweifen (. . .).“ [67] Nietzsche sagt, eine Novelle sei mit solcher Deutlichkeit und Kürze zu entwerfen, daß jedes Wort notwendig sei.[68] Von einer solchen Bündigkeit der Konzeption ist in den kleinepischen Werken „Die vertauschten Köpfe“, „Das Gesetz“ und „Die Betrogene“ nichts auszumachen. Es sind bedeutende Erzählungen — keine Novellen. Sie haben nicht die klaren, wie ohne andere Wahl gemeißelten Konturen einer Novelle. Diese gestaltet ein bestimmtes, bedeutsames Ereignis, das für sich gesehen gleichsam bereits „Dichtung als Rohstoff“ darstellt [69] und dem Leser plastischer und begrenzter denn Selbstgespräch, Unterhaltung, Kontemplation erscheint.

Aus der Bestimmung des „Gesetzes“ als einer historischen Tendenzerzählung ergibt sich bereits ein Hinweis auf Thomas Manns außerfiktives Anliegen. In der tendenziösen Haltung des Werkes, die sich am Schluß zur Verfluchung zuspitzt, liegt die stärkste Andeutung von des Autors unmittelbarem moralisch-politischen Wirkungswillen, soweit er sich in Wesensmerkmalen einer bestimmten Gattung ausdrücken kann.

Als dienlich, didaktische Absichten erkennen zu lassen, erweist sich im „Gesetz“ auch der für Erzählung und Roman gleicherweise charakteristische Zug, daß sie, wie bereits angeführt (vgl. S. 86 f. o.), für Erörterungen, Abschweifungen usw. einen größeren Spielraum bieten als die Novelle. Namentlich mit Hilfe essayistischer Einschübe gelingt es Thomas Mann, mythische Züge seines biblischen Stoffes zu humanisieren. Unter diesem Aspekt stellt „Das Gesetz“ eine Art humanisierte Mythe dar. Der Ausdruck „humanisierter Mythos“ stammt von Thomas Mann selbst, er findet sich innerhalb von Anmerkungen zu seinem Roman „Josef und seine Brüder“, und da seine Worte auch auf „Das Gesetz“ angewandt werden können, seien sie hier zitiert; sie geben Antwort auf die Frage nach der zeitbezogenen didaktischen Absicht in der rational-aufklärerischen Behandlung des Sittengesetz-Stoffes, die Thomas Mann als „voltairisch“ angesehen wissen wollte [70]:

> „(. . .) Was sollte mein Element derzeit wohl sein als Mythos plus Psychologie. Längst bin ich ein leidenschaftlicher Freund dieser Combination; denn tatsächlich ist Psychologie das Mittel, den Mythos den fascistischen Dunkelmännern aus den Händen zu nehmen und ihn ins Humane umzufunktionieren. Diese Verbindung repräsentiert mir geradezu die Welt der Zukunft, ein Menschentum, das gesegnet ist oben vom Geiste herab und „aus der Tiefe, die unten liegt.“ “ [71]

---

67) Wolfgang Kayser, Das sprachliche Kunstwerk, S. 355.

68) Friedrich Nietzsche, Werke Bd. 1, S. 555 (Menschliches, Allzumenschliches („Ernst des Handwerks“)).

69) Vgl. Johannes Klein, Geschichte der deutschen Novelle, S. 4.

70) Altes und Neues, S. 749 f. (Briefe an einen Schweizer, 1930—1945), Brief vom 1. 9. 1945.

71) Altes und Neues, S. 775 f. (Briefe an Karl Kerenyi, 1934—1941), Brief vom 18. 2. 1941.

„(. . .) die Art dieses Buches, den Mythos zu traktieren (unterscheidet sich) im tiefsten Wesen von einer gewissen zeitgenössischen Art, sich seiner zu bedienen: einer feindseligen und antihumanen Art, deren politischen Namen wir alle kennen. Das Wort „Mythos“ steht ja heute in einem üblen Geruch — man braucht nur an den Titel zu denken, den der „Philosoph“ des deutschen Fascismus, Rosenberg, der Präzeptor Hitlers, seinem bösartigen Lehrbuch beigegeben hat. Zu oft war in den letzten Jahrzehnten der Mythos als Mittel obskurantischer Gegenrevolution mißbraucht worden, als daß nicht ein mythischer Roman wie der „Joseph“ bei seinem ersten Auftreten den Verdacht hätte erregen müssen, als schwimme sein Autor mit dem trüben Strom. Man hat ihn fallen lassen müssen, diesen Verdacht, denn man wurde bei genauerem Hinsehen einer Umfunktionierung des Mythos gewahr, deren man ihn nicht für fähig gehalten hatte. Man beobachtete einen Vorgang, ähnlich dem, wenn in der Schlacht ein erobertes Geschütz umgekehrt und gegen den Feind gerichtet wird. Der Mythos wurde in diesem Buch dem Fascismus aus den Händen genommen und bis in den letzten Winkel der Sprache hinein h u m a n i s i e r t ; — wenn die Nachwelt irgend etwas Bemerkenswertes daran finden wird, so wird es dies sein.“ [72]

Für diese Einstellung zum Mythos möchte Thomas Mann nun auch den Leser des „Gesetzes“ gewinnen und ihn damit gegen diejenige des Nationalsozialismus einnehmen, soweit dies notwendig sein sollte. Es handelt sich um einen unauffälligen und sublimen politisch-pädagogischen Wirkungswillen: indem Thomas Mann den Leser die Freude an einer humoristisch und psychologisch rationalisierenden Betrachtung des Mythos lehrt, kämpft er gegen „obskurantische Gegenrevolution“ und für eine hellere Zukunft. Es geschieht dies vor allem, wie schon gesagt (S. 90 o.), in Form von essayistischen Abschweifungen.[73] Thomas Mann, der seit „Mario und der Zauberer“ keine Novelle mehr geschrieben hat, liebt gerade in seinem Spätwerk diese Darstellungsweise, die Gelegenheit zu stärkerer Kundgebung der Erzählergegenwart bietet. Im besonderen Fall seines biblischen Romans und seiner biblischen Erzählung ergibt sich daraus die Betonung eines kritischen und aufklärerischen Verhältnisses zum Stoff, einer Kunst rationaler Vergegenwärtigung und humoristischer Rationalisierung. Manns folgende auf seinen Roman „Josef und seine Brüder“ gemünzten Worte gelten auch für das „Gesetz“:

„Die Genauigkeit, die Realisation sind Täuschung (. . .), eine mit allen Mitteln der Sprache, der Psychologie, der Darstellung und dazu noch der kommentierenden Untersuchung erzwungene Verwirklichung und Vergegenwärtigung, deren Seele, bei allem menschlichen Ernst, der Humor ist. Humoristisch im Besonderen ist alles essayistisch Erörternde in dem Buch, das Kommentatorische, Kritische, Wissenschaftliche, das so gut wie das Erzählende und szenisch Darstellende ein Mittel zur Erzwingung von Wirklichkeit ist, und für das also das Wort „Bilde, Künstler, rede nicht!“

---

72) Neue Studien (Josef und seine Brüder), S. 169 f.

73) Die folgenden Ausführungen gehen in das Gebiet der Erzählhaltung über, sind aber hier notwendig, um den Charakter der Erzählung als eines „humanisierten Mythos“ zu belegen.

ausnahmsweise einmal nicht gilt. Wir haben da ein ästhetisches Problem, das mich oft beschäftigt hat. Die erörternde Rede, die schriftstellerische Einschaltung braucht nicht aus der Kunst zu fallen, sie kann ein Bestandteil davon, selber ein Kunstmittel sein." [74]

Jenes kritische Verhältnis zum Stoff äußert sich stilistisch häufig als gehobener, essayistischer Plauderstil. Es begegnen direkte Wendungen aus der Erzählergegenwart und unauffällige in die Erzählsprache verzahnte Fügungen. Zunächst ein paar Beispiele für jene: „Die Zahlen (gemeint: die Zahl der Hebräer vor dem Auszug) sind später maßlos übertrieben worden." (S. 825). „Über diesen Kampf und die Druckmittel, welche dabei auf den (. . .) König ausgeübt wurden, hat es viel Gerede gegeben." (S. 832). „(Der) Auszug selbst, unheimlich zu untersuchen (. . .)." (S. 833). „Die Vorgänge von dazumal sind in Dunkel gehüllt (gemeint: die zehnte Plage)." (S. 835). „Tatsächlich scheint es, daß die Zweitgeborenen weniger eifrig waren, den Tod derer zu rächen, an deren Stelle sie rückten (. . .)." (S. 836). „Die Schlacht fand statt, sie ist eine historische Tatsache (gemeint: der Kampf mit den Amalekitern) (S. 845). „Man muß ihn sich vorstellen, wie er dort oben saß." (Gemeint: Moses beim Empfang der Zehn Gebote auf dem Berg Horeb.) (S. 873).[75]

Die dichterische Wiederbelebung der Vergangenheit wird auch erreicht durch indirektere Essayisierung der Erzählsprache. Es ist der Versuch einer Aufhellung des Geschehens im Sinn einer sachlichen, doch subjektiv gefärbten Erklärung des „mythisch Entfernten".[76] Die Erzählung gibt den Vorwand zum Essayhaften ab und umgekehrt. Beide durchdringen sich, so stark ist ihre Schwingungskraft. Ein Beispiel für viele:

> „Von Hütte zu Hütte ging er und von Fronplatz zu Fronplatz, schüttelte die Fäuste zu seiten seiner Schenkel und sprach von dem Unsichtbaren, dem zum Bunde bereiten Gotte der Väter, obgleich er im Grunde nicht sprechen konnte. Denn er war stockend gestauten Wesens überhaupt und neigte in der Erregung zum Zungenschlag, war aber außerdem so recht in keiner Sprache zu Hause und suchte in dreien herum beim Reden. Das aramäische Syro-Chaldäisch, das sein Vaterblut sprach und das er von seinen Eltern gelernt, war überdeckt worden vom Ägyptischen, das er sich in dem Schulhause hatte aneignen müssen, und dazu kam das midianitische Arabisch, das er solange in der Wüste gesprochen. So brachte er alles durcheinander." (S. 824).

Der erste Satz enthält reinen Bericht, Handlungsprotokoll: Er ging, schüttelte, sprach. Auch die Tatsache, daß Moses im Grunde nicht sprechen konnte, gehört in den Ereigniszusammenhang. Der zweite Satz bildet den

---

74) Neue Studien, S. 165 (Josef und seine Brüder).

75) Erstmals in Thomas Manns Werk finden sich solche Wendungen in dem historisierenden „Abriß für den Tag und die Stunde" „Friedrich und die große Koalition" (1914) (In: Altes und Neues), z. B.: „Die österreichischen Historiker schwören zwar himmelhoch, daß die Kaiserin damals keinen Angriff geplant habe, aber es war genug für Friedrich." (S. 44). „Nun müssen wir aber eines sagen (. . .)." (S. 45). „Kennt man die schöne Porträtzeichnung der Kaiserin-Königin (. . .)?" (S. 57). „Uns scheint heute, daß (. . .)." (S. 75).

76) Altes und Neues, S. 261.

Übergang vom erzählerischen Teil zum essayhaften und ist aus beiden gemischt. Moses, stockend gestauten Wesens, Moses in der Erregung zum Zungenschlag neigend, Moses, in keiner Sprache richtig zuhause: hier überwiegt der subjektiv-essayhafte Tonfall des Erzählers, der sich um Erläuterung und Fundierung der biblischen Überlieferung bemüht. Moses, in drei Sprachen herumsuchend: hier erscheint das subjektiv Erklärende, der Essay, das „Reden über" zugunsten der Erzählung abgeschwächt. Dann jedoch tritt der Autor abermals auf die „Bühne" und kommentiert: „Das aramäische Syro-Chaldäisch (. . .)." In diesem Satz sind Ereignisbruchstücke so gestellt, daß sie nicht erzählt wirken, ihrem zeitlichen Ablauf entsprechend geordnet, sondern so, daß sie im Dienst einer Erläuterung stehen. Im Schlußsatz wird die Erzählung fortgeführt oder vielmehr etwas bereits Erzähltes bestätigt, als Schlußfolgerung auf einen essayhaften Einschub.

Literaturverzeichnis

A) Bibliographien, Lebenschronik

Bürgin, Hans und Mayer, Hans-Otto: Thomas Mann. Eine Chronik seines Lebens. Frankfurt/M. 1965.

Bürgin, Hans: Das Werk Thomas Manns. Eine Bibliographie unter Mitarbeit von Walter A. Reichart und Erich Neumann. Frankfurt/M. 1959.

Jonas, Klaus Werner: Fifty years of Thomas Mann studies. Minneapolis 1955.

Jonas, Klaus Werner und Jonas, Ilsedore B.: Thomas Mann studies. Vol. 2. A bibliography of criticism. Philadelphia 1967 (Pa. Univ. Studies in Germanic langs. and lits.).

Neumann, Erich: Fortsetzung und Nachtrag zu Hans Bürgins Bibliographie: Das Werk Thomas Manns. In: Betrachtungen und Überblicke. Zum Werk Thomas Manns. Hrsg. von Georg Wenzel. Berlin und Weimar 1966, S. 491—510.

B) Textausgaben

Derleth, Ludwig: Die Proklamationen. Leipzig 1904.

Derleth, Ludwig: Proklamationen. München 1919.

George, Stefan: Werke. 2 Bde. Bd. 1. München und Düsseldorf 1958.

Keller, Gottfried: Sämtliche Werke in drei Bänden. Band 2. München o. J.

Mann, Thomas: Stockholmer Gesamtausgabe der Werke. Stockholm 1938, Amsterdam 1948, Wien 1949, Frankfurt/M. 1950 ff.:
Adel des Geistes, 1945.
Altes und Neues, 1953.
Bekenntnisse des Hochstaplers Felix Krull, 1954.
Betrachtungen eines Unpolitischen, 1956.
Buddenbrooks, 1951.
Die Entstehung des Doktor Faustus, 1949.
Der Erwählte, 1951.
Die Erzählungen. Fiorenza. Gesang vom Kindchen. Gedichte. 1966.
Doktor Faustus, 1947.
Königliche Hoheit, 1955.

Joseph und seine Brüder, 2 Bde., 1952.
Lotte in Weimar, 1939.
Nachlese. Prosa 1951—1955. 1956.
Reden und Aufsätze, 2 Bde., 1965.
Neue Studien, 1948.
Der Zauberberg, 1950.

Mann, Thomas: (Briefe):
(Brief an Klaus Mann vom 3. 12. 1936). In: Die Neunzehn. Texte und Informationen 1970. S. 3 f. München 1970.
Briefe 1889—1936, hrsg. von Erika Mann.
Briefe 1937—1947, hrsg. von Erika Mann.
Briefe 1948—1955 und Nachlese. 1965.
Briefe an Paul Ammann. 1915—1952. Hrsg. von Herbert Wegener. Lübeck 1959. (Veröffentlichungen der Stadtbibliothek Lübeck. Neue Reihe Bd. 3.).
Hermann Hesse und Thomas Mann. Briefwechsel. Hrsg. von Annie Carlsson. Frankfurt/M. 1968.
Thomas Mann an Ernst Bertram. Briefe aus den Jahren 1910—1955. Pfullingen 1960.
Thomas Mann - Robert Faesi: Briefwechsel. Hrsg. von Robert Faesi. Zürich 1962.
Thomas Mann und Karl Kerenyi: Gespräch in Briefen. Hrsg. von Karl Kerenyi. Zürich 1960.
Thomas Mann und Heinrich Mann. Briefwechsel 1900—1949. Hrsg. v. Ulrich Dietzel u. Hans Wysling. Frankfurt/M. 1968.

Mann, Thomas: Einführung in den Zauberberg. In: Thomas Mann: Der Zauberberg. Sonderausgabe Frankfurt/M. 1954.

Mann, Thomas: Beim Propheten. In: Neue Freie Presse, Wien, Nr. 14275. 22. 5. 1904. S. 40—42.

Melville, Hermann: Selected Writings. Complete Short Stories. Typee. Billy Budd, Foretopman. New York 1952. (The Modern Library of the World's Best Books.).

Nietzsche, Friedrich: Werke in drei Bänden, München 1961.

C) Sekundärliteratur

Adorno, Theodor W.: Zu einem Porträt Thomas Manns. In: Noten zur Literatur 3. S. 19—29. Frankfurt/M. 1966. (6.—9. Tsd.).

Alker, Ernst: Die deutsche Literatur im 19. Jahrhundert. (1882—1914). 2. Aufl. Stuttgart 1962 (Kröners Taschenausgabe Bd. 339).

Allemann, Beda: Ironie und Dichtung, Pfullingen 1956.

Altenberg, Paul: Die Romane Thomas Manns. Bad Homburg v. d. H. 1961.

Back, Hanne: Thomas Mann. Verfall und Überwindung, Wien 1925.

Baumgart, Reinhard: Das Ironische und die Ironie im Werk Thomas Manns, 2. Aufl. München 1966.

Bennett, E. K.: A History of the German Novelle, Cambridge 1961.

Berendson, Walter A.: Thomas Mann. Künstler und Kämpfer in bewegter Zeit. Lübeck 1965.

Bisdorff, Ernest: Thomas Mann und die Politik, 2. erw. Aufl. Luxemburg 1966.

Bock, Klaus: Geschichtsbegriff und Geschichtsbild bei Thomas Mann. Phil. Diss. Kiel 1959.

Braun, Harald: Thomas Mann: „Mario und der Zauberer." In: Eckart 6, 1930, S. 448—49.

Brennan, Joseph Gerard: Three Philosophical Novellists. James Joyce. André Gide. Thomas Mann. New York 1964.

Brennan, Joseph Gerard: Thomas Mann's World. New York 1962.

Brinkmann, Karl: Erläuterungen zu Thomas Manns Novellen „Tristan", „Tonio Kröger" und „Mario und der Zauberer". Hollfeld/Obbfr. (1962).

Brion, Marcel: Prêsence du fantastique dans l'oeuvre de Thomas Mann. In: Hommage de la France à Thomas Mann, Paris 1955, S. 49—57.

Brock, Erich: Kritische Forderungen des Tages an Thomas Mann. In: Der Kunstwart 1929/30. 43, 2. S. 316 ff.

Broszat, Martin: Nationalsozialistische Polenpolitik 1939—1945. (Fischer Bücherei. Bücher des Wissens. 692). Frankfurt/M. 1965.

Burckhardt, Carl J.: Briefwechsel mit Hofmannsthal. Frankfurt 1956.

Burkhard, Arthur: Thomas Mann's Treatment of the Marked Man. In: PMLA XLIII, 1928.

Byatt, A. S.: A Man of Balance. New Statesman 18. 12. 1970. S. 839 f.

Cleugh, James: Thomas Mann. A Study. London 1933.

Dauber, Friedrich von: Ludwig Derleth. Der Dichter und sein Werk. Phil. Diss. Wien 1943.

Deguy, Michel: Le monde de Thomas Mann. Paris 1962.

Diersen, Inge: Untersuchungen zu Thomas Mann, 4. Aufl. 1961.

Doderer, Klaus: Die Kurzgeschichte in Deutschland. Ihre Form und Entwicklung. Wiesbaden 1953.

Duffy, Charles and Keister, Don A.: Mario and the magician. Two Letters by Thomas Mann. In: Monatshefte für deutschen Unterricht, deutsche Sprache und Literatur, Bd. LI, 1959.

Ehrenzweig, Stefan: Der neue Thomas Mann. In: Das Tagebuch 2, 1930.

Eichner, Hans: Thomas Mann. 2. Aufl. Bern 1961 (Dalp Taschenbücher 356).

Eloesser, Arthur: Thomas Mann. Sein Leben und Werk. Berlin 1925.

Ders., Mario und der Zauberer. In: Die neue Rundschau 41, 1930.

Eriksen, Erik H.: Kindheit und Gesellschaft. Zürich/Stuttgart 1957. (Internationale Bibliothek für Psychologie, Soziologie 15).

Cassel's Encyclopaedia of Literature. 2 vol. Vol. 1. London 1953.

Erné, Nino: Kunst der Novelle, 2. Aufl. Wiesbaden 1961.

Faesi, Robert: Thomas Mann. Ein Meister der Erzählkunst. Zürich 1951.

Feuerlicht, Ignace: Thomas Mann und die Grenzen des Ich. Heidelberg 1966.

Forster, Edward Morgan: Aspects of the Novel. Harmondsworth 1927, repr. 1966 (Pelican Books A 557).

Fourrier, Georges: Thomas Mann. Thèse. Paris 1960.

Fränkl, Otto: Mario und der Zauberer. In: Goetheaneum 9, 1930. S. 651.

Fricke/Klotz: Geschichte der deutschen Dichtung. 9. Aufl. Hamburg und Lübeck 1962.

Friedemann, Käte: Die Rolle des Erzählers in der Epik. Darmstadt 1965. Nachdr. der Ausg. Berlin 1910. (Untersuchungen zur neueren Sprach- und Literaturgeschichte. N. F., H. 7).

Fuchs, Georg: Sturm und Drang in München um die Jahrhundertwende. München 1936.

Gamm, Hans-Jochen: Der braune Kult. Das dritte Reich und seine Ersatzreligion. Hamburg 1962.

Kürschners Deutscher Gelehrten-Kalender 1935.

Georgi, Hans: Die Gestalt des Deutschen bei Thomas Mann. MS. Phil. Diss. Marburg 1955.

Groos, Anton: Erinnerung an Ludwig Derleth. In: Wort und Wahrheit 8/9, 1959, S. 538—542.

Großmann, Stefan: Mario und der Zauberer. In: Das Tagebuch 2, 1930. S. 874—75.

Günther, Alfred: Thomas Mann und Moses. In: Weltstimmen 17. 1. 1946, S. 5—10.

Gumppenberg, Hans v.: Im akademisch-dramatischen Verein las am Montag Thomas Mann ... In: Münchner Neueste Nachrichten 20. 11. 1901.

Haiduk, Manfred: Der Gedanke des antifaschistischen Widerstandes bei Thomas Mann (Referat). In: Wissenschaftliche Zeitschrift der Universität Rostock, 9, 1959/60. Gesellschafts- und sprachwiss. Reihe, S.-H., S. 53—59.

Hamburger, Käte: Thomas Manns Mose-Erzählung „Das Gesetz" auf dem Hintergrund der Überlieferung und der religionswissenschaftlichen Forschung. In: Käte Hamburger: Thomas Mann: Das Gesetz. Frankfurt/M., Berlin 1964 (Ullstein Buch Nr. 5017 (Dichtung und Wirklichkeit)).

Hannemann, Helmut: Illusion und Desillusion in den Novellen Thomas Manns. Phil. Diss. Hamburg 1955.

Harrison Thomson, S.: Das Zeitalter der Renaissance. Von Barbarossa bis Erasmus. München 1969. (Kindlers Kulturgeschichte).

Hatfield, Henry: Thomas Mann. An introduction to his fiction London 1952.

Ders.: Mario and the Magician. In: The Stature of Thomas Mann. Ed.: Charles Neider. London 1951.

Heiber, Helmut: Die Republik von Weimar. (dtv Weltgesch. d. 20. Jahrh. Bd. 3) München 1966.

Helbing, Lothar: Ludwig und Anna Maria Derleth. In: Ludwig-Derleth-Gedenkbuch. Amsterdam 1958. Castrum Peregrinum. Sonderdruck des Heftes XXXVI—XXXVII.

Heller, Erich: Thomas Mann. Der ironische Deutsche. Frankfurt/M. 1959.

Henze, Eberhard: Die Rolle des fiktiven Erzählers bei Thomas Mann. In: Die neue Rundschau 76, 2, 1965, S. 189—201.

Heyse, Paul: Einleitung. In: Deutscher Novellenschatz. Hrsg. v. Paul Heyse und Hermann Kurz. Bd. 1. München (1871) S. V—XXII.

Heyse, Paul: Jugenderinnerungen und Bekenntnisse. Berlin 1900, S. 340—363. („Meine Novellistik").

Hildebrandt, Kurt: Das Werk Stefan Georges. Hamburg 1960.

Hilscher, Eberhard: Thomas Mann. Leben und Werk. Berlin 1968. (Schriftsteller der Gegenwart. Deutsche Reihe. 15.).

Himmel, Helmuth: Geschichte der deutschen Novelle. Berlin und München 1964 (Sammlung Dalp 94).

Hirschbach, Frank Donald: The Arrow and the Lyre. A Study of the Role of Love in the Works of Thomas Mann. The Hague 1955 (International Scholars Forum. A series of Books by American Scholars).

Hoffmann, Ernst Fedor: Thomas Manns „Glaudius Dei". PMLA LXXXIII, Okt. 1968, S. 1353—1361.

Hoffmann, Max: Die Skizze. Das Literarische Echo 5, 1902/03. S. 1161 ff.

Horst, Karl August: Zu Thomas Manns Moses-Biographie. Rheinischer Merkur 23. 7. 1949.

Hughes, William N.: Thomas Mann and the Platonic Adulterer. Monatshefte f. dt. Unterricht, dt. Spr. und Lit. LI, 1959, S. 75—80.

Imhoff, Eugen: Thomas Mann: Mario und der Zauberer. Der Deutschunterricht 4, 1952, S. 59—69.

Jonas, Ilsedore B.: Thomas Mann und Italien. Heidelberg 1969. (Beiträge zur Neueren Literaturgeschichte. 3. Folge Bd. 10).

Jost, Dominik: Ludwig Derleth. Gestalt und Leistung. Stuttgart 1965. (Sprache und Literatur 21).

Ders.: Vita Ludwig Derleth. In: Derleth, Ludwig: Auswahl aus dem Werk, o. O. 1964. S. 269 ff.

Justiz im Dritten Reich. Eine Dokumentation. Hrsg. v. Ilse Staff (Fischer Bücherei. Bücher des Wissens 559). Frankfurt/M. 1964.

Kasdorff, Hans: Der Todesgedanke im Werk Thomas Manns. Leipzig 1932.

Kayser, Wolfgang: Das sprachliche Kunstwerk, Bern 1948, 11. Aufl. 1965.

Ders.: Wer erzählt den Roman? Die Neue Rundschau 1957, S. 444—459.

Keckeis, Gustav: Thomas Mann: Mario und der Zauberer. Literarischer Handweiser 1929/30, H. 10, S. 778—779.

Kessel, Martin: Studien zur Novellentechnik Thomas Manns. Edda 25, 1926. (Phil. Diss. Frankfurt 1925).

Killy, Walter: Deutscher Kitsch. (Kleine Vandenhoeck-Reihe 125/126/127) 6. Aufl. 1970. Göttingen 1962.

Kirschweng, Johannes: Schöne Literatur 1930. In: Literarische Handweiser 1930/31, H. 4.

Klein, Johannes: Die Formelemente der Novelle. In: Welt und Wort 9, 1954.

Ders.: Geschichte der deutschen Novelle. 4. Aufl. Wiesbaden 1960.

Ders.: Wesen und Erscheinungsformen der deutschen Novelle. Mit einem Abriß der Geschichte der deutschen Novelle. In: GRM 24, 1936, S. 81—100.

Die große Kontroverse. Ein Briefwechsel um Deutschland. Walter von Molo/Thomas Mann. Hrsg. u. bearb. v. J. F. G. Grosser. Hamburg, Genf, Paris 1963.

Korn, Johannes Enno: Adler und Doppeladler. Ein Zeichen im Wandel der Geschichte. Phil. Diss. Göttingen 1969.

Korn, Karl: Rechtfertigung durch die Kunst. FAZ 15. 8. 1955.

Korrodi, Eduard: Mario und der Zauberer. Neue Zürcher Zeitung 12. 5. 1930.

Kröpfle, Hans Herbert: Die Struktur des Erzählschlusses bei Thomas Mann. Phil. Diss. Münster 1961.

Kronenberger, Louis: Thomas Mann's Novelette of Hypnotism. New York Times Book Review 36, 4. 1. 1931, S. 8.

Krug, Werner: Thomas Manns „Mario und der Zauberer." Die Literatur 32, 1929/30.

Kümmel, W. G.: Das Mose-Buch Thomas Manns und die Bibel. Neue Schweizer Rundschau, N. F. 12, 1944/45, S. 544—550.

Kunz, Josef: Genialität und Bildung. Die Motivkreise im Werk Thomas Manns. Christ und Welt 8, 1955, H. 22, S. 12.

Ders.: Geschichte der deutschen Novelle. In: Deutsche Philologie im Aufriß, Bd. II, 2, 2; überarb. Aufl. Berlin 1960.

Lämmert, Eberhard: Bauformen des Erzählens, Stuttgart 1955.

Lehnert, Herbert: Thomas Mann-Fiktion, Mythos, Religion. Stuttgart, Berlin, Köln, Mainz 1965.

Ders.: Thomas-Mann-Forschung. Ein Bericht. Stuttgart 1969. Sonderdruck aus Deutsche Vierteljahrsschrift für Literaturwissenschaft und Geistesgeschichte Jg. 40, 1966 (H. 2), Jg. 41, 1967 (H. 4), Jg. 42, 1968 (H. 1).

Lesser, Jonas: Thomas Mann in der Epoche seiner Vollendung. München 1952.

Lindsay, James Martin: Thomas Mann. Oxford 1954.

Lion, Ferdinand: Thomas Mann. Leben und Werk. Zürich 1952.

Literatur und Dichtung im Dritten Reich. Eine Dokumentation von Joseph Wulf. Gütersloh 1963. (rororo 809—811).

Lockemann, Fritz: Gestalt und Wandlungen der deutschen Novelle. München 1957.

Löwenstein, Kurt: Thomas Mann zur jüdischen Frage. In: Bulletin des Leo Baeck Institutes 37, Jg. 10, 1967, S. 1—59.

Lukács, Georg: Thomas Mann, Berlin 1953.

Ders.: Von Nietzsche zu Hitler oder Der Irrationalismus in der deutschen Politik. (Fischer Bücherei 784). Frankfurt/M. 1966.

Malmede, Hans Hermann: Wege zur Novelle. Stuttgart, Berlin, Köln, Mainz 1966 (Sprache und Literatur 29).

Mann, Erika: Einleitung. In: Thomas Mann, Betrachtungen eines Unpolitischen. (s. o.).

Mann, Golo: Mein Vater Thomas Mann. Lübeck 1970.

Thomas Mann im Urteil seiner Zeit. Dokumente 1891—1955. Hrsg. von Klaus Schröter. Hamburg 1969.

Mann, Viktor: Wir waren fünf. Konstanz 1949.

Marcuse, Herbert: Der deutsche Künstlerroman. (S. 412 ff. über Thomas Mann). Phil. Diss. Freiburg 1922.

Martin, John S.: Circean Seduction in Three Works by Thomas Mann. Modern Language Notes 78, 1963, S. 346—352.

Martini, Fritz: Deutsche Literaturgeschichte, 15. Aufl. Stuttgart 1968. (Handbuch der Literaturgeschichte in Einzeldarstellungen. — Kröners Taschenausgabe Bd. 196).

Ders.: Nachwort. In: Klassische deutsche Dichtung in 22 Bänden, Bd. 22, Wien 1965, S. 589—650.

Maser, Werner: Adolf Hitlers Mein Kampf. Eine kritische Analyse mit kommentierten Auszügen aus dem unheimlichsten Buch unseres Jahrhunderts. (Das Heyne Sachbuch 122). München 1966.

Matenko, Perey: The Prototype of Cipolla in „Mario and the Magician". In: Italica 31, 1954.

Mater, Erich: Thomas Manns Erzählung „Das Gesetz". Untersuchung über poetische Ausdrucksmittel. Phil. Diss. Humboldt-Universität Berlin 1959.

Matter, Harry: Mario und der Zauberer. Die Bedeutung der Novelle im Schaffen Thomas Manns. Weimarer Beiträge Jg. VI, 1960. — III, S. 577—596.

Mayer, Hans: Thomas Mann. Berlin 1960.

Mazzucchetti, Lavinia: Thomas Mann und der Zauberer. Der deutsche Dichter war kein Feind Italiens. Die Zeit 50, 1965, N. 32, S. 11—12.

Meyer, Kurt: Die Novellen Paul Heyses und Thomas Manns. Phil. Diss. Leipzig 1933.

Müller, Günther: Die Bedeutung der Zeit in der Erzählkunst. Bonner Antrittsvorlesung 1946. Bonn 1947. (Wissenschaft der Zeit).

Ders.: Erzählzeit und erzählte Zeit. In: Festschrift für Paul Kluckhohn und Hermann Schneider. Tübingen 1948. S. 195—212.

Ders.: Über das Zeitgerüst des Erzählens. In: Deutsche Vierteljahrsschrift für Literaturwissenschaft und Geistegeschichte 24, 1950.

Müller, Joachim: (Artikel) Mario und der Zauberer. In: Lexikon der Weltliteratur, 2 Bde., Bd. 2, Stuttgart 1968. Hrsg. v. Gero v. Wilpert.

Muir, Edwin: The Structure of the Novel, London 1928, Eighth Impr. 1960.

Nolte, Ernst: Die faschistischen Bewegungen (dtv. Weltgeschichte des 20. Jahrhunderts, Bd. 4). München 1966.

Peacock, Ronald: Das Leitmotiv bei Thomas Mann, Bern 1934. (Sprache und Dichtung H. 55).

Peter, Hans Armin: Thomas Mann und seine epische Charakterisierungskunst, Bern 1929 (Sprache und Dichtung H. 43).

Petsch, Robert: Wesen und Formen der Erzählkunst. Halle/Saale 1934 (Deutsche Vierteljahrsschrift für Literaturwissenschaft und Geistesgeschichte. Buchreihe 20. Bd.)

Plötz, Karl: Auszug aus der Geschichte. Würzburg 1960. 26. Aufl.

Polheim, Karl Konrad: Novellentheorie und Novellenforschung. Deutsche Vierteljahrsschrift für Literaturwissenschaft und Geistesgeschichte 38, 1964, Sonderheft, S. 208—316. Auch als erw. Sonderdruck Stuttgart 1965.

Das Dritte Reich. Hrsg. v. Alexander Blase. Hannover 1963. (Zeitgeschichte in Texten und Quellen)

Richter, Bernt: Psychologische Betrachtungen zu Thomas Manns Novelle „Mario und der Zauberer". In: Vollendung und Größe Thomas Manns, hrsg. v. Georg Wenzel, Halle/Saale 1962, S. 106—117.

Riley, Anthony: Die Erzählkunst im Alterswerk von Thomas Mann mit besonderer Berücksichtigung der „Bekenntnisse des Hochstaplers Felix Krull." Phil. Diss. Tübingen 1958.

Rosenberg, Arthur: Entstehung der Weimarer Republik. Hrsg. v. Kurt Kersten. Frankfurt/M. 1961 (res publica 8).

Ders.: Geschichte der Weimarer Republik. Frankfurt/M. 1961 (res novae 9).

Rostosky, Fritz: Mario und der Zauberer. In: Schöne Literatur 1930, 31, S. 339 f.

Rothenfelder, Trudel: Thomas Mann als Erzähler in seinen frühen Novellen. Phil. Diss. Mainz 1953.

Schauer, Lucie: Untersuchungen zur Struktur der Novellen und Romane Thomas Manns. Phil. Diss. Berlin 1959.

Schaukal, Richard: (Über die Novellensammlung): Der kleine Herr Friedemann. Die Gesellschaft 3, 1898, S. 425.

Schmidt, Rudolf: Das Ringen um die Überwindung der Dekadenz in einigen Novellen Thomas Manns. Wissenschaftl. Zeitschr. der Univ. Greifswald II, 1962, S. 141—153.

Schonauer, Franz: Stefan George. (rm 44) Reinbeck b. Hamburg 1960.

Schröter, Klaus: Thomas Mann, Reinbek b. Hamburg 1970 (rm 93).

Seidler, Herbert: Die Dichtung. Wesen-Form-Dasein. Stuttgart 1959 (Kröners Taschenausgabe 283).

Smyser, William Leon: Mood, Magic and Murder. Mario and the Magician. In: Saturday Review of Literature, 21. 2. 1931, S. 616.

Soergel, Albert/Hohoff, Curt: Dichtung und Dichter der Zeit. Wiesbaden 1962.

Sontheimer, Kurt: Thomas Mann und die Deutschen. München 1961. Frankfurt 1965 (Fischer Bücherei 650).

Spielhagen, Friedrich: Roman oder Novelle? In: Die Gegenwart 22, 1882, S. 198 ff.

Spiero, Heinrich: Literarische Rundschau. In: Die Grenzboten 1909, 3, 68. Jg., S. 259—267.

Spranger, Eduard: Der psychologische Perspektivismus im Roman. In: Jahrbuch des Freien Deutschen Hochstifts Frankfurt/M. 1930, S. 70—89.

Staiger, Emil: Grundbegriffe der Poetik. Zürich 1946.

Stanzel, Franz: Die typischen Erzählsituationen im Roman. Wien 1955, Nachdr. Wien 1963.

Ders.: Typische Formen des Romans. Göttingen 2. Aufl. 1965. (Kleine Vandenhoeck-Reihe 187).

Stokkum, Th. C. van: Von Friedrich Nicolai bis Thomas Mann. Groningen 1962.

Strachey, Richard: Mario and the Magician. In: Nation and Athenaeum, 48, 1. 11. 1930, S. 169.

Strich, Fritz: Thomas Mann oder der Dichter und die Gesellschaft. In: Strich, Fritz: Kunst und Leben. Bern und München 1960.

Süskind, W. E.: Thomas Mann, Fürst und Zauberer. In: Hessische Nachrichten, 15. 8. 1955.

Thieberger, Richard: Der Begriff der Zeit bei Thomas Mann. Vom Zauberberg zum Josef. Baden-Baden 1952.

Thomas, R. Hinton: Thomas Mann. The mediation of art. Oxford 1952.

Venohr, Lilli: Thomas Manns Verhältnis zur russischen Literatur. Meisenheim/Glan 1959 (Osteuropäische Studien der Hochschulen des Landes Hessen. Reihe 3. Frankfurter Abhandlungen zur Slavistik, Bd. 1).

Walzel, Oskar: Das Wortkunstwerk. Leipzig 1929.

Wantoch, Hans: Thomas Mann. In: Masken, Bd. 6, 1910/II, S. 7 ff.

Weigand, Hermann John: The Magic Mountain. A Study of Thomas Manns Novel „Der Zauberberg". Chapel Hill 1964 (University of North Carolina Studies in the Germanic Languages and Literatures. 49).

Ders.: Thoughts on the Passing of Thomas Mann. In: Germanic Review 31. 10. 1956, S. 206—214.

Weiss, Walter: Thomas Manns Kunst der sprachlichen und thematischen Integration. In: Wirkendes Wort. Beiheft 13, 1964.

Wiese, Benno v.: Novelle. 2. Aufl. Stuttgart 1963 (Realienbücher für Germanisten, Abt. E: Poetik).

Wilpert, Gero v.: Sachwörterbuch der Literatur. 4. verb. u. erw. Aufl. Stuttgart 1964 (Kröners Taschenausgaben 231).

Wulff, Joseph s. Literatur und Dichtung im Dritten Reich.

Wolters, Friedrich: George und die Blätter für die Kunst. Berlin 1930.

Die Zerstörung der deutschen Politik. Dokumente 1871—1933. Hrsg. v. Harry Pross. Frankfurt/M. 1963. 79.—90. Tsd. (Fischer Bücherei 264).

Zweig, Arnold: Thomas Mann: Zum vierzigsten Geburtstag. 1915. In: Zweig, Arnold: Ausgewählte Werke in Einzelausgaben Bd. 15, Essays, 1. Bd., Berlin 1959, S. 279—304.

Anhang

Fotokopie des Erstdrucks von Thomas Manns Skizze: „Beim Propheten".

die Charaktere der Gestalten, welche sie uns deuten soll, logisch aufzubauen, ohne sich bei Einzelheiten aufzuhalten. Dennoch forscht sie sehr gewissenhaft nach Details, wo es sich um die pittoreske Gestaltung einer Rolle handelt. Für die Jungenrolle im „Poil de Carotte“ hat sie lange Zeit die Bewegungen und das Benehmen der Gymnasialschüler beobachtet. Um Gervaise, die Wäscherin, im „Assommoir“ darzustellen, besuchte sie die öffentlichen Waschhäuser und für Phädra hat sie interessante Kostümstudien gemacht.

Ihr Traum ist es, in dieser Rolle wieder zu erscheinen, dem Publikum zu zeigen, wie sie die Phädra fühlt und begreift. Man muß die Hoffnung bewahren, daß sie diese große Rolle eines Tages, vielleicht bald, im Théâtre Français darstellen und daß man alsdann verstehen wird, diese bewundernswürdige Künstlerin an dieser klassischen Bühne festzuhalten.

Beim Propheten.

Skizze von Thomas Mann.

Seltsame Orte gibt es, seltsame Gehirne, seltsame Regionen des Geistes, hoch und ärmlich. An den Peripherien der Großstädte, dort, wo die Laternen spärlicher werden und die Gendarmen zu zweien gehen, muß man in den Häusern emporsteigen, bis es nicht weiter geht, bis in schräge Dachkammern, wo junge, bleiche Genies, Verbrecher des Traumes, mit verschränkten Armen vor sich hinbrüten, bis in billig und bedeutungsvoll geschmückte Ateliers, wo einsame, empörte und von innen verzehrte Künstler, hungrig und stolz, im Zigarettenqualm mit letzten und wüsten Idealen ringen. Hier ist das Ende, das Eis, die Reinheit und das Nichts. Hier gilt kein Vertrag, kein Zugeständnis, keine Nachsicht, kein Maß und kein Wert. Hier ist die Luft so dünn und keusch, daß die Miasmen des Lebens nicht mehr gedeihen. Hier herrscht der Trotz, die äußerste Konsequenz, das verzweifelt thronende Ich, die Freiheit, der Wahnsinn und der Tod. . . .

Es war Karfreitag, abends um acht. Mehrere von denen, die Daniel geladen hatte, kamen zu gleicher Zeit. Sie hatten Einladungen in Quartformat erhalten, auf denen ein Adler einen nackten Degen in seinen Fängen durch die Lüfte trug und die in eigenartiger Schrift die Aufforderung zeigten, an dem Konvent zur Verlesung von Daniels Proklamationen am Karfreitagabend teilzunehmen, und sie trafen nun zur bestimmten Stunde in der öden und halbdunklen Vorstadtstraße vor dem banalen Mietshause zusammen, in welchem die leibliche Wohnstätte des Propheten gelegen war.

Einige kannten einander und tauschten Grüße. Es waren der polnische Maler und das schmale Mädchen, das mit ihm lebte, der Lyriker, ein langer, schwarzbärtiger und [illegible] seiner schweren, bleichen und in hängende Gewänder gekleideten Gattin, eine Persönlichkeit von zugleich martialischem und kränklichem Aussehen, Spiritist und Ritmeister außer Dienst, und ein junger Philosoph mit dem Aeußern eines Känguruhs. Nur der Novellist, ein Herr mit steifem Hut und gepflegtem Schnurrbart, kannte niemanden. Er kam aus einer anderen Sphäre, war nur zufällig hieher geraten. Er hatte ein gewisses Verhältnis zum Leben, und ein Buch von ihm wurde in bürgerlichen Kreisen gelesen. Er war entschlossen, sich streng bescheiden, dankbar und im ganzen wie ein Geduldeter zu benehmen. In einem kleinen Abstande folgte er den anderen in das Haus.

Sie stiegen die Treppe empor, eine nach der andern, gestützt auf das gußeiserne Geländer. Sie schwiegen, denn es waren Menschen, die den Wert des Wortes kannten und nicht unnütz zu reden pflegten. Im trüben Licht der kleinen Petroleumlampen, die an den Biegungen der Treppe auf den Fenstergesimsen standen, lasen sie im Vorübergehen die Namen an den Wohnungstüren. Sie stiegen an den Heim- und Sorgenstätten eines Versicherungsbeamten, einer Hebamme, einer Feinwäscherin, eines „Agenten“, eines Leichdornoperateurs vorüber, still, ohne Verachtung, aber fremd. Sie stiegen in dem engen Treppenhaus wie in einem halbdunklen Schacht empor, zuversichtlich und ohne Aufenthalt; denn von oben, von dort, wo es nicht weiter ging, winkte ihnen ein Schimmer, ein zarter und flüchtig bewegter Schein aus letzter Höhe.

Endlich standen sie am Ziel, unter dem Dach, im Lichte von sechs Kerzen, die in verschiedenen Leuchtern auf einem mit verblichenen Altardeckchen belegten Tischchen zu Häupten der Treppe brannten. An der Tür, welche bereits den Charakter eines Speichereinganges trug, war ein graues Pappschild befestigt, auf dem in römischen Lettern, mit schwarzer Kreide ausgeführt, der Name Daniel zu lesen war. Sie schellten. . . .

Ein breitköpfiger, freundlich blickender Knabe in einem neuen blauen Anzug und mit blanken Schaftstiefeln öffnete ihnen, eine Kerze in der Hand, und leuchtete ihnen schräg über den kleinen, dunklen Korridor in einen untapezierten und mansardenartigen Raum, der bis auf einen hölzernen Garderobehalter durchaus leer war. Wortlos, mit einer Geste, die von einem lallenden Kehllaut begleitet war, forderte der Knabe zum Ablegen auf, und als der Novellist aus allgemeiner Teilnahme eine Frage an ihn richtete, erwies es sich vollends, daß das Kind stumm war. Es führte die Gäste mit seinem Licht über den Korridor zurück zu einer anderen Tür und ließ sie eintreten. Der Novellist folgte als letzter. Er trug Gehrock und Handschuhe, entschlossen, sich wie in der Kirche zu benehmen.

Eine feierlich schwankende und flimmernde Helligkeit, erzeugt von zwanzig oder fünfundzwanzig brennenden Kerzen, herrschte in dem mäßig großen Raum, den sie betraten. Ein junges Mädchen mit weißem Fallkragen und Manschetten über dem schlichten Kleid, Maria Josefa, Daniels Schwester, rein und töricht von Angesicht, stand dicht bei der Tür und reichte allen die Hand. Der Novellist kannte sie. Er war an einem literarischen Theetische mit ihr zusammengetroffen. Sie hatte aufrecht dagesessen, die Tasse in der Hand, und mit klarer und inniger Stimme von ihrem Bruder gesprochen. Sie betete Daniel an.

Der Novellist suchte ihn mit den Augen. . . .

„Er ist nicht hier,“ sagte Maria Josefa. „Er ist abwesend, ich weiß nicht, wo. Aber im Geiste wird er unter uns sein und die Proklamationen Satz für Satz verfolgen, während sie hier verlesen werden.“

„Wer wird sie verlesen?“ fragte der Novellist gedämpft und ehrerbietig. Es war ihm ernst. Er war ein wohlmeinender und innerlich bescheidener Mensch, voller Ehrfurcht vor allen Erscheinungen der Welt, bereit, zu lernen und zu würdigen, was zu würdigen war.

„Ein Jünger meines Bruders,“ antwortete Maria Josefa, „den wir aus der Schweiz erwarten. Er ist noch nicht da. Er wird im rechten Augenblick zur Stelle sein.“

Gegenüber der Tür, auf einem Tische stehend und mit dem oberen Rande an die schräg abfallende Decke gelehnt, zeigte sich im Kerzenschein eine große, in heftigen Strichen ausgeführte Kreidezeichnung, die Napoleon darstellte, wie er in plumper und despotischer Haltung seine mit Kanonenstiefeln bekleideten Füße an einem Kamin wärmte. Zur Rechten des Einganges erhob sich ein altarartiger Schrein, auf welchem zwischen Kerzen, die in silbernen Armleuchtern brannten, eine bemalte Heiligenfigur mit aufwärts gerichteten Augen ihre Hände ausbreitete. Eine Betbank stand davor, und näherte man sich, so gewahrte man eine kleine, aufrecht an einem Fuße des Heiligen lehnende Amateurphotographie, die einen etwa dreißigjährigen jungen Mann mit gewaltig hoher, bleich zurückspringender Stirn und einem bartlosen, knochigen, raubvogelähnlichen Gesicht von konzentrierter Geistigkeit zeigte.

Der Novellist verweilte eine Weile vor Daniels Bildnis; dann wagte er sich behutsam weiter ins Zimmer hinein. Hinter einem großen Rundtisch, in dessen gelbpolitierte Platte, von einem Lorbeerkranz umrahmt, derselbe degentragende Adler eingebrannt war, den man auf den Einladungen erblickt hatte, ragte zwischen niedrigen Holzsesseln ein strenger, schmaler und steiler gotischer Stuhl wie ein Thron und Hochsitz empor. Eine lange, schlicht gezimmerte Bank, mit billigem Stoff überdeckt, erstreckte sich vor der geräumigen, von Mauer und Dach gebildeten Nische, in der das niedrige Fenster gelegen war. Es stand offen, vermutlich, weil der untersetzt gebaute Kachelofen sich als überheizt erwiesen hatte, und gewährte den Ausblick auf ein Stück blaue Nacht, in deren Tiefe und Weite die unregelmäßig verteilten Gaslaternen als gelblich glühende Punkte sich in immer größeren Abständen verloren.

Aber dem Fenster gegenüber verengerte sich der Raum zu einem alkovenartigen Gelaß, das heller als der übrige Teil der Mansarde erleuchtet war und halb als Kabinett, halb als Kapelle behandelt erschien. In seiner Tiefe befand sich ein mit dünnem und blassem Stoffe bedeckter Diwan. Zur Rechten gewahrte man ein verhängtes Büchergestell, auf dessen Höhe Kerzen in Armleuchtern und antik geformte Oellampen brannten. Zur Linken war ein weiß gedeckter Tisch aufgeschlagen, der ein Kruzifix, einen siebenarmigen Leuchter, einen mit rotem Weine gefüllten Becher und ein Stück Rosinenkuchen auf einem Teller trug. Im Vordergrunde des Alkovens jedoch erhob sich, von einem eisernen Kandelaber noch überragt, auf einem flachen Podium eine vergoldete Gipssäule, deren Kapitäl von einer blutrot-seidenen Altardecke überhangen wurde. Und darauf ruhte ein Stapel beschriebenen Papiers in Folioformat: Daniels Proklamationen. Eine helle, mit kleinen Empirekränzen bedruckte Tapete bedeckte die Mauer und die schrägen Teile der Decke. Totenmasken, Rosenkränze, ein großes rostiges Schwert hingen an den Wänden; und außer dem großen Napoleon-Bildnis waren in verschiedenartiger Ausführung die Porträts von Luther, Nietzsche, Moltke, Alexander dem Sechsten, Robespierre und Savonarola im Raume verteilt. . . .

„Dies alles ist erlebt," sagte Maria Josefa, indem sie die Wirkung der Einrichtung in dem respektvoll verschlossenen Gesicht des Novellisten zu erforschen suchte. Aber unterdessen waren weitere Gäste gekommen, still und feierlich, und man fing an, sich in gemessener Haltung auf Bänken und Stühlen niederzulassen. Es saßen dort jetzt außer den zuerst Gekommenen noch ein phantastischer Zeichner mit greisenhaftem Kindergesicht, eine hinkende Dame, die sich als „Erotikerin" vorstellen zu lassen pflegte, eine unverheiratete junge Mutter von adeliger Herkunft, die von ihrer Familie verstoßen, aber ohne alle geistigen Ansprüche war und einzig und allein auf Grund ihrer Mutterschaft in diesen Kreisen Aufnahme gefunden hatte, eine ältere Schriftstellerin und ein verwachsener Musiker . . . im ganzen etwa zwölf Personen. Der Novellist hatte sich in die Fensternische zurückgezogen, und Maria Josefa saß dicht neben der Tür auf einem Stuhl, die Hände auf den Knien nebeneinander gelegt. So warteten sie auf den Jünger aus der Schweiz, der im rechten Augenblick zur Stelle sein würde.

Plötzlich kam noch die reiche Dame an, die aus Liebhaberei solche Veranstaltungen zu besuchen pflegte. Sie war in ihrem seidenen Coupé aus der Stadt, aus ihrem prachtvollen Hause mit den Gobelins und den Türumrahmungen aus Giallo antico hierhergekommen, war alle Treppen heraufgestiegen und kam zur Tür herein, schön, duftend, luxuriös, in einem blauen Tuchkleid mit gelber Stickerei, den Pariser Hut auf dem rotbraunen Haar, und lächelte mit ihren Tizian-Augen. Sie kam aus Neugier, aus Langweile, aus Lust an Gegensätzen, aus gutem Willen zu allem, was ein bißchen außerordentlich war, aus liebenswürdiger Extravaganz, begrüßte Daniels Schwester und den Novellisten, der in ihrem Hause verkehrte, und setzte sich auf die Bank vor der Fensternische zwischen die Erotikerin und den Philosophen mit dem Aeußern eines Känguruhs, als ob das in der Ordnung sei.

„Fast wäre ich zu spät gekommen," sagte sie leise mit ihrem schönen, beweglichen Mund zu dem Novellisten, der hinter ihr saß. „Ich hatte Leute zum Thee; das hat sich hingezogen. . . ."

Der Novellist war ganz ergriffen und dankte Gott, daß er in präsentabler Toilette war. Wie schön sie ist! dachte er. Sie ist wert, die Mutter dieser Tochter zu sein. . . .

„Und Fräulein Sonja?" fragte er über ihre Schulter hinweg. . . . „Sie haben Fräulein Sonja nicht mitgebracht?"

Sonja war die Tochter der reichen Dame und in des Novellisten Augen ein unglaubhafter Glücksfall von einem Geschöpf, ein Wunder an allseitiger Ausbildung, ein erreichtes Kulturideal. Er sagte ihren Namen zweimal, weil es ihm einen unbeschreiblichen Genuß bereitete, ihn auszusprechen.

„Sonja ist leidend," sagte die reiche Dame. „Ja, denken Sie, sie hat einen schlimmen Fuß. Oh, nichts, eine Geschwulst, etwas wie eine kleine Entzündung oder Verfüllung. Es ist geschnitten worden. Vielleicht wäre es nicht nötig gewesen, aber sie wollte es selbst."

„Sie wollte es selbst!" wiederholte der Novellist mit begeisterter Flüsterstimme. „Daran erkenn' ich sie! Aber wie in aller Welt kann man ihr seine Teilnahme kundgeben?"

„Nun, ich werde sie grüßen," sagte die reiche Dame. Und da er schwieg: „Genügt Ihnen das nicht?"

„Nein, es genügt mir nicht," sagte er ganz leise, und da sie seine Bücher schätzte, erwiderte sie lächelnd:

„So schicken Sie ihr ein Blümchen."

„Danke!" sagte er. „Danke! Das will ich!" Und innerlich dachte er: „Ein Blümchen? Ein Bouquet! Einen ganzen Strauß! Ungefrühstückt fahre ich morgen in einer Droschke zum Blumenhändler — ! —" Und er fühlte, daß er ein gewisses Verhältnis zum Leben habe.

Da ward draußen ein flüchtiges Geräusch laut, die Tür öffnete und schloß sich kurz und ruckhaft, und vor den Gästen stand im Kerzenschein ein untersetzter und stämmiger junger Mann in dunklem Jackenanzug: der Jünger aus der Schweiz. Er überflog das Gemach mit einem drohenden Blick, ging mit heftigen Schritten zu der Gipssäule vorm Alkoven, stellte sich hinter sie auf das flache Podium mit einem Nachdruck, als wollte er dort einwurzeln, ergriff den zuoberst liegenden Bogen der Handschrift und begann sofort zu lesen.

Er war etwa achtundzwanzigjährig, kurzhalsig und häßlich. Sein geschorenes aschblondes Haar wuchs in Form eines spitzen Winkels sonderbar weit in die ohnedies niedrige und gefurchte Stirn hinein. Sein Gesicht, bartlos, mürrisch und plump, zeigte eine Doggennase, grobe Backenknochen, eine eingefallene Wangenpartie und wulstig hervorspringende Lippen, die nur schwer, widerwillig und gleichsam mit einem schlaffen Zorn die Wörter zu bilden schienen. Dies Gesicht war roh und dennoch bleich. Er las mit einer wilden und überlauten Stimme, die aber gleichwohl im Innersten bebte, wankte und von Kurzluftigkeit beeinträchtigt war. Die Hand, in der er den beschriebenen Bogen hielt, war breit und rot, und dennoch zitterte sie. Er stellte ein unheimliches Gemisch von Brutalität und Schwäche dar, und was er las, stimmte auf seltsame Art damit überein.

Es waren Predigten, Gleichnisse, Thesen, Gesetze, Visionen, Prophezeiungen und tagesbefehlartige Aufrufe, die in einem Stilgemisch aus Psalter- und Offenbarungston mit militärisch-strategischen, sowie philosophisch-kritischen Fachausdrücken in bunter und unabsehbarer Reihe einander folgten. Ein fieberhaftes und furchtbar gereiztes Ich reckte sich im einsamen Größenwahn empor und bedrohte die Welt mit einem Schwall von gewaltsamen Worten. Christus imperator maximus war sein Name, und er warb totbereite Truppen zur Unterwerfung des Erdballs, erließ Botschaften, stellte seine unerbittlichen Bedingungen. Armut und Keuschheit verlangte er, und wiederholte in grenzenlosem Aufruhr mit einer Art widernatürlicher Wollust immer wieder das Gebot des unbedingten Gehorsams. Buddha, Alexander, Napoleon und Jesus wurden als seine demütigen Vorläufer genannt, nicht wert, dem geistlichen Kaiser die Schuhriemen zu lösen. . . .

Der Jünger las eine Stunde; dann trank er zitternd einen Schluck aus dem Becher mit rotem Wein und griff nach neuen Proklamationen. Schweiß perlte auf seiner niedrigen Stirn, seine wulstigen Lippen bebten, und zwischen den Worten stieß er beständig mit einem kurz fauchenden Geräusch die Luft durch die Nase aus, erschöpft und brüllend. Das einsame Ich sang, raste und kommandierte. Es verlor sich in irre Bilder, ging in einem Wirbel von Unlogik unter und tauchte plötzlich an gänzlich unerwarteter Stelle gräßlich wieder empor. Lästerungen und Hosianna — Weihrauch und Qualm von Blut vermischten sich. In donnernden Schlachten ward die Welt erobert und erlöst. . . .

Es wäre schwer gewesen, die Wirkung von Daniels Proklamationen auf die Zuhörer festzustellen. Einige blickten, weit zurückgelehnten Hauptes, mit erloschenen Augen zur Decke empor; andere hielten, tief über ihre Knie gebeugt, das Gesicht in den Händen vergraben. Die Augen der Erotikerin verschleierten sich jedesmal auf seltsame Art, wenn das Wort „Keuschheit" ertönte, und der Philosoph mit dem Aeußern eines Känguruhs schrieb dann und wann etwas Ungewisses mit seinem langen und krummen Zeigefinger in die Luft. Der Novellist suchte seit längerer Zeit vergebens nach einer passenden Haltung für seinen schmerzenden Rücken. Um 10 Uhr kam ihm die Vision einer Schinkensemmel, aber er verscheuchte sie mannhaft.

Gegen halb 11 Uhr sah man, daß der Jünger das letzte Folioblatt in seiner roten und zitternden Rechten hielt. Es war zu Ende. „Soldaten!“ schloß er, am äußersten Rande seiner Kraft, mit versagender Donnerstimme. „Ich überliefere euch zur Plünderung — die Welt!“ Dann trat er vom Podium herunter, sah alle mit einem drohenden Blicke an und ging heftig, wie er gekommen war, zur Tür hinaus.

Die Zuhörer verharrten noch eine Minute lang unbeweglich in der Stellung, die sie zuletzt innegehabt hatten. Dann standen sie wie mit einem gemeinsamen Entschlusse auf und gingen unverzüglich, nachdem jeder mit einem leisen Wort Maria Josefas Hand gedrückt hatte, die wieder mit ihrem weißen Fallkragen, still und rein, dicht an der Tür stand.

Der stumme Knabe war draußen zur Stelle. Er leuchtete den Gästen in den Garderoberaum, war ihnen beim Anlegen der Ueberkleider behilflich und führte sie durch das enge Stiegenhaus, in welches aus höchster Höhe, aus Daniels Reich, der bewegte Schein der Kerzen fiel, hinunter zur Haustür, die er aufschloß. Einer nach dem andern traten die Gäste auf die öde Vorstadtstraße hinaus.

Das Coupé der reichen Dame hielt vorm Hause; man sah, wie der Kutscher auf dem Bock zwischen den beiden hellstrahlenden Laternen die Hand mit dem Peitschenstiel zum Hute führte. Der Novellist geleitete die reiche Dame zum Schlage.

„Wie befinden Sie sich?“ fragte er.

„Ich äußere mich ungern über solche Dinge,“ antwortete sie. „Vielleicht ist er wirklich ein Genie oder doch etwas Aehnliches. . . .“

„Ja, was ist das Genie,“ sagte er nachdenklich. „Bei diesem Daniel sind alle Vorbedingungen dazu vorhanden: die Einsamkeit, die Freiheit, die geistige Leidenschaft, die großartige Optik, der Glaube an sich selbst, sogar die Nähe von Verbrechen und Wahnsinn. Was fehlt? Vielleicht das Menschliche? Ein wenig Gefühl, Sehnsucht, Liebe? Aber das ist eine vollständig improvisierte Hypothese. . . .“

„Grüßen Sie Sonja,“ sagte er, als sie ihm vom Sitze aus zum Abschied die Hand reichte, und dabei las er mit Spannung in ihrer Miene, wie sie es aufnehmen werde, daß er einfach von „Sonja“, nicht von „Fräulein Sonja“ oder vom „Fräulein Tochter“ sprach.

Sie schätzte seine Bücher, und so duldete sie es lächelnd.

„Ich werde es ausrichten.“

„Danke!“ sagte er, und ein Rausch von Hoffnung verwirrte ihn. „Nun will ich zu Abend essen wie ein Wolf!“

Er hatte ein gewisses Verhältnis zum Leben.

Literarische Notizen.

[„Ludwig Feuerbach.“ Von Friedrich Jodl. Mit Bildnis. Frommanns Klassiker der Philosophie. 17. Band. Stuttgart, Fr. Frommanns Verlag (E. Hauff), 1904.] Zwei Strömungen sind im aktuellen theoretisch-philosophischen Leben zu bemerken: eine idealistische und eine realistische. Der Idealismus ist bemüht, die Natur, die räumlich ausgedehnte Welt der Dinge als bloßen Inhalt eines universalen Bewußtseins darzutun, die absolute Wirklichkeit ist ihm der Geist, das Geistige. Dem gegenüber versicht der Realismus die vom Bewußtsein unabhängige Existenz einer Welt körperlicher Dinge, welche entweder ebenso real ist wie die des Geistes oder sogar die eigentliche Wirklichkeit bedeutet, deren bloße Erscheinung oder deren Produkt das Geistige ist. Nachdem in den letzten Jahren der Idealismus in verschiedener offener oder verhüllter Form in den Vordergrund getreten ist, regt sich nun wieder, dem allgemein-psychischen Gesetze der „Entwicklung in Gegensätzen“ gemäß, der alte Gegner, der Realismus, um jenem die Herrschaft zu entreißen. Das Bedürfnis wird laut, die durch die idealistische Philosophie zuweilen verflüchtigte oder doch ihres festen Grundes beraubte Wirklichkeit im Sinne des selbständigen absoluten Seins wieder zu konsolidieren. Man sieht ein, daß die Wirklichkeit denn doch mehr sein muß als eine bloße Summe von Bewußtseinsinhalten, von Empfindungen u. dgl., daß das Sein sich nicht im Bewußtsein erschöpft, kurzum, das Problem der Realität fordert energisch seine Rechte. Andererseits scheint dem seit einiger Zeit „herrschenden „romantischen“ Bestreben, mittelst einer Art Neo-Mystik die Realität des in Religion und Mythus vorgestellten Göttlichen zu rechtfertigen, ein Zug zum Naturalismus und Psychologismus in Bezug auf die religiösen Gebilde entgegenzuwirken. In beiderlei Hinsicht erscheint nun als willkommener Mitstreiter ein Philosoph, der, besonders in der religiösen Frage, von nachhaltigem Einflusse gewesen, gleichwohl aber der Gefahr nicht entgangen ist, mehr bekannt als gekannt zu sein. Es ist dies Ludwig Feuerbach, dessen Geburtstag am 28. Juli sich zum hundertstenmal jährt. In der bekannten vortrefflichen Sammlung ist nun zu rechter Zeit eine knappe, aber alles Wesentliche berücksichtigende, lichtvolle Darstellung der Feuerbachschen Lehren aus der Feder eines der Herausgeber der neuen Feuerbach-Ausgabe, Professor Jodls, erschienen. Außer einem kurzen Berichte über das Leben dieses Philosophen enthält das Buch die Darlegung der Stellungnahme Feuerbachs zur idealistischen, insbesondere zur Hegelschen Philosophie, sowie der Phasen in der Entwicklung des Feuerbachschen Denkens zum Realismus hin, ferner die wohlgeordnete, allen Motiven nachgehende Darstellung zunächst der theoretischen und dann auch der Religionsphilosophie Feuerbachs. Ungeachtet der hohen Objektivität des Darstellers und der Enthaltung von aller Kritik ersieht man doch aus der Wärme der Berichterstattung und Analyse, daß Jodl im wesentlichen die Anschauungen dieses kühnen, freien Denkers teilt. Da wohl in diesem Blatte ein Aufsatz über Feuerbachs Philosophie von Professor Jodl in Bälde zu erwarten ist, soll hier auf den Inhalt des Buches nicht eingegangen werden. Betont sei nur, daß es Jodl gelungen ist, manche Mißverständnisse, denen die Lehren des naturalistischen, „atheistischen“ Denkers vielfach begegnet sind, aufzuklären, insbesondere in Bezug auf den „Sensualismus“ und den antologischen Standpunkt Feuerbachs.

Dr. Rudolf Eisler.

[„Gesammelte Dichtungen.“ Von Wilhelm Hertz. Zweite Auflage. Mit einem Porträt. Stuttgart, Cotta, 1904.] Man findet in diesem wunderschön ausgestatteten Bande, dem die Reproduktion des Lenbachschen Hertz-Bildnisses zur großen Zierde gereicht, alles beisammen, was der feine Dichter und Nachdichter geschaffen hat. Die lyrischen Gedichte innerhalb eines Zeitraumes von sechsundvierzig Jahren (1852 bis 1898), die größeren, seinerzeit selbständig erschienenen epischen Dichtungen „Lanzelot und Ginevra“ (1859), „Hugdietrichs Brautfahrt“ (1860), „Heinrich von Schwaben“ (1865), „Bruder Rausch“ (1881), endlich die Uebersetzungen „Beowulfs Tod“ (1885), „Des Königs Eirik Blutart Ehrenlied“ (1900) und „Altenglisches Schlummerlied“ (1862). Der berühmten Dichtertafelrunde, welche zu Anfang der Fünfzigerjahre des vorigen Jahrhunderts sich in München vereinigt hatte — Emanuel Geibel, Friedrich Bodenstedt, Franz Dingelstedt — stand Wilhelm Hertz als ein Jüngerer nahe; er repräsentierte in seiner Person gleichsam den Uebergang zu der Epigonen-Generation (Leuthold, Hopfen u. a.), welche dann in dem Münchener Dichterbuche ihr erstes Lebenszeichen von sich gab. Seine lyrischen Gedichte tragen, obgleich in ihnen die persönliche Note keineswegs zu vermissen ist, ganz den Stempel der Zeit, in welcher sich München eines außerordentlich blühenden Literaturlebens zu erfreuen hatte und erfolgreich danach zu ringen schien, nicht nur eine erste Künstlerstadt, sondern auch eine erste Dichterstadt in Deutschland zu sein. Von jenen ersten um König Max ist nur noch der vierundsiebzigjährige Paul Heyse übrig, der der Isarstadt unabwendbar treu geblieben ist. Auch von den Epigonen sind nur wenige noch unter den Lebenden, und diese siedeln nicht mehr im Schatten der Frauentürme. Wilhelm Hertz wurde durch die Universität und das Polytechnikum an der Isar festgehalten als vielgesuchter und vielgepriesener Lehrer der Literaturgeschichte. Er ist vor wenigen Jahren dort gestorben. Mit seinem hochfliegenden Geiste hatte König Max seine Haupt- und Residenzstadt nicht bloß zu einer Heimstätte der Dichtung, sondern auch zu einer Heimstätte der Wissenschaft erheben wollen. Das letztere ist ihm besser gelungen als das erstere. Die Münchener Universität vereinigte eine Menge glänzender Namen (Liebig, Döllinger), und sie hat sich bis heute auf sehr bemerkenswerter Höhe behauptet. Der Tod Wilhelm Hertz' raubte ihr einen ihrer anziehendsten Lehrer; in einem schönen Nachrufe hat Richard Weltrich den Verlust beklagt, den Dichtung und Wissenschaft zugleich erfuhren, denn Wilhelm Hertz war der einen wie der anderen eine gleiche Zierde. In seinen lyrischen Gedichten, deren ganze Reihe man in der vorliegenden Sammlung überblickt, ist er zu Anfang der junge, von lebhaften Impulsen bewegte Poet, der von Liebe und Leid singt; gegen das Ende zeigt er sich durch das Leben geklärt.

Hatt's oft aus meinem Sinne trüb geklungen,
Glaubt nicht, daß er in Trübsinn sich vergräbt.
Mein Leid hab' ich im Lied bezwungen,
Mein reiches Glück hab' ich gelebt.

Diese Lebensfreudigkeit bis zum letzten Atemzuge ist das Hauptmerkmal seiner nicht immer durchaus originellen, aber immer formschönen Lyrik mit ihrer bei allem seelischen Schwunge und allem Genügen am Leben leise gedämpften, stillen Wehmut. Die Balladen und Romanzen, nicht zu viele an Zahl, verleugnen nicht das Vorbild Uhlands — auch Hertz war Schwabe von Geburt — aber sie sind von Nachahmung weit entfernt. Sie bilden den Uebergang zu den epischen Dichtungen, von denen insbesondere „Hugdietrichs Brautfahrt“ und später durch seinen herrlichen Humor der „Bruder Rausch“ dem Namen des Dichters einen über ganz Deutschland reichenden guten Klang verschafft haben. Von ihnen zu den Uebertragungen von Wolfram von Eschenbachs „Parsifal“ und Gottfried von Straßburgs „Tristan und Isolde“, die zugleich meisterhafte Nachdichtungen sind, ist ein gerader Weg. Hier gehen der Dichter und der Gelehrte Hand in Hand; es ist ein großer Genuß, zu sehen, wie in diesen Uebertragungen, deren besondere Ausgabe ebenfalls der Cottasche Verlag veranstaltet hat, Poesie und Wissenschaft sich vermälen. Sie vervollständigen das Charakterbild des Dichters, der von sich gesungen hat: